JN092450

はじめに

　職場におけるハラスメントを防止することは、多様な人材がいきいきと働き、組織の生産性を高めるのに必要な職場環境を整備するために必要な要素です。

　数多くあるハラスメントの中でも、少子高齢化に伴う人口減少下において「妊娠・出産・育児等に関連したハラスメント」による労働者の離職を防ぎ、希望に応じて男女ともに仕事と育児を両立できる社会の実現が重要であり、その実現に向けた法制度の改正が令和3（2021）年6月に行われました（「育児休業、介護休業等育児又は家族介護を行う労働者の福祉に関する法律及び雇用保険法の一部を改正する法律」の成立。令和3年6月9日公布（以下「改正育児・介護休業法」））。

　マタハラ・パタハラを予防するためには、妊娠・出産・育児・介護に関する権利、法制度について正しい知識を持ち、理解する必要があります。なぜならそれらの権利や制度を保障しないことは「違法」となる上、法制度の利用を阻害するような言動が「ハラスメント」となるからです。加害の自覚や意図、悪意の有無に関わらず、上司や会社が妊娠・出産・育児休業等に関する権利や制度そのものを知らず、ハラスメントを引き起こしてしまっていることが多く見られます。本書はイラストを多用し、これらの権利・制度について「目で見て」理解しやすいようまとめました。

　職場の中で理解が進み、「妊娠すると職場で肩身が狭い」、「女性が上司だと産休だの育休だので損した気分」、「男が育休取るなんてありえない」という職場風土が少しでも変わり、事業主、人事管理部門、管理職、労働者など皆が男女を問わず、ワーク・ライフ・バランスのとれた働き方ができる魅力的な職場づくりが進むお役に立てていただけたら幸いです。

　　2021年12月　　　　　森井梢江

目次 ◆ CONTENTS

こんな対応絶対 ナシ！

マタハラ・パタハライラスト事例集

第3章　パタハラ事例

参考資料　妊娠・出産等に関するハラスメント防止指針＆育児・介護休業等に関するハラスメント防止指針

第1章

マタハラ・パタハラの基礎知識

この章では、マタハラ・パタハラについての基礎知識を中心に、令和3（2021）年に改正した育児・介護休業法についても、ポイントをしぼって解説します。

（1）マタハラ・パタハラを規制する法律

　男女雇用機会均等法第11条の3および育児・介護休業法第25条では、職場における妊娠・出産・育児休業等に関するハラスメントについて、事業主に防止措置を講じることを義務付けています。

＜男女雇用機会均等法第11条の3第1項＞

　事業主は、職場において行われるその雇用する女性労働者に対する当該労働者が妊娠したこと、出産したこと、労働基準法第65条第1項の規定による休業を請求し、又は同項若しくは同条第2項の規定による休業をしたことその他の妊娠又は出産に関する事由であって厚生労働省令で定めるものに関する言動により当該女性労働者の就業環境が害されることのないよう、当該女性労働者からの相談に応じ、適切に対応するために必要な体制の整備その他の雇用管理上必要な措置を講じなければならない。

＜育児・介護休業法第25条第1項＞

　事業主は、職場において行われるその雇用する労働者に対する育児休業、介護休業その他の子の養育又は家族の介護に関する厚生労働省令で定める制度又は措置の利用に関する言動により当該労働者の就業環境が害されることがないよう、当該労働者からの相談に応じ、適切に対応するために必要な体制の整備その他の雇用管理上必要な措置を講じなければならない。

　男女雇用機会均等法第11条の3第1項および第2項による事業主が講ずべき措置については「事業主が職場における妊娠、出産等に関する言動に起因する問題に関して雇用管理上講ずべき措置等についての指針」（平成28年8月2日厚生労働省告示第312号・改正令和2年1月15日厚生労働省告示第6号〔令和2年6月1日適用〕）（以下「妊娠・出産等に関するハラスメント防止指針」）

によって、育児・介護休業法第25条による事業主が講ずべき措置については、「子の養育又は家族の介護を行い、又は行うことになる労働者の職業生活と家庭生活との両立が図られるようにするために事業主が講ずべき措置等に関する指針」（平成21年12月28日厚生労働省告示509号・改正令和3年9月30日厚生労働省告示第366号〔令和4年10月1日〕）（以下「育児・介護休業等に関するハラスメント防止指針」）によって、詳しく定めています。

（2）「職場における育児休業等に関するハラスメント」とは

> 「職場」において行われるその雇用する労働者に対する上司・同僚等からの言動（妊娠・出産したこと、育児休業等の利用に関する言動）により、妊娠・出産した「女性労働者」や育児休業等を申出・取得した「男女労働者」等の就業環境が害されること（育児・介護休業法第25条第1項参照）

「マタニティーハラスメント・パタニティーハラスメント」という言葉は、法令や指針では使用されていません。通達における略称でも「妊娠・出産等に関するハラスメント防止指針」では「職場における育児休業等に関するハラスメント」という名称になっています。

ただ、女性の妊娠・出産・育児休業等ハラスメント、男性の育児休業等ハラスメントを意味する「マタハラ・パタハラ」は一言で分かりやすく、さらに一般的に通用していることから、本書では上記の意味でマタハラ・パタハラという言葉を使用させていただきます。

(3) マタニティーハラスメント（マタハラ）とは

マタニティーハラスメントとは、働く女性が妊娠・出産・育児休業等をきっかけに職場で精神的・肉体的な嫌がらせを受けたり、妊娠・出産・育児休業等を理由とした解雇や雇止めで不利益を被ったりする等の不当な扱いを受けることを言います。

マタニティー（妊産婦の）　　　ハラスメント（嫌がらせ・いじめ）

　平成25年5月に連合が「マタハラに関する意識調査」を行ったところ、女性労働者の4人に1人がマタハラを受けている実態が明らかとなりました。その後平成26年10月23日に広島中央保健生協（C生協病院・上告審）事件最高裁判決が出されたことやマタハラ被害者団体の活動等により、マタハラの社会的認知度は急速に広がりました。「マタハラ」という言葉は、同年の「現代用語の基礎知識」選2014ユーキャン新語・流行語大賞のトップテンにもノミネートされています。

　令和2年度厚生労働省委託事業　職場のハラスメントに関する実態調査（令和3年3月東京海上日動リスクコンサルティング株式会社）では、過去5年間に、女性の妊娠・出産・育児休業等ハラスメント、妊娠・出産等に関する否定的な言動（いわゆる「プレマタハラ」）、男性の育児休業等ハラスメントを一度以上経験した者の割合はそれぞれ26.3%、17.1%、26.2%であり、4人に1人がマタハラを経験している実態が明らかとなっています。

（4）パタニティーハラスメント （パタハラ）とは

パタニティーハラスメントとは、「父性」を意味する「パタニティー（paternity）と「嫌がらせ・いじめ」を意味する「ハラスメント」（harassment）を組み合わせたものです。

　一般的には、男性労働者が「職場における労働者の育児・介護について、育児休業等の法定諸制度に関する言動により、当該労働者の就業環境が害されること」を指します。

パタニティー
（父性）

ハラスメント
（嫌がらせ・いじめ）

　過去5年間に、勤務先で育児に関する制度を利用しようとした男性の26.2％がパタハラ被害の経験があると回答しています（令和2年度厚生労働省委託事業　職場のハラスメントに関する実態調査（令和3年3月東京海上日動リスクコンサルティング株式会社）。

　ハラスメントを受けて利用をあきらめた制度としては、育休が42.7％で最も多く、残業免除・時間外労働・深夜業の制限が34.4％、短時間勤務や始業時刻の変更が31.3％にのぼっています。

（5）マタハラ・パタハラの内容

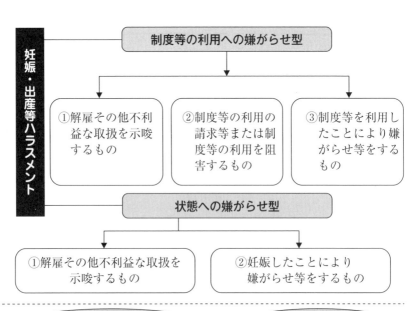

妊娠・出産等ハラスメント

制度等の利用への嫌がらせ型

①解雇その他不利益な取扱を示唆するもの

②制度等の利用の請求等または制度等の利用を阻害するもの

③制度等を利用したことにより嫌がらせ等をするもの

状態への嫌がらせ型

①解雇その他不利益な取扱を示唆するもの

②妊娠したことにより嫌がらせ等をするもの

不利益取扱

育児休業を利用したこと等を理由として、事業主自ら（人事権をもつ者）が行う解雇、降格、減給、不利益な配置の変更、就業環境を害する行為のこと

育児・介護休業法の根拠条文：育児休業の場合→第10条、介護休業の場合→第16条、子の看護休暇の場合→第16条の4等、制度・措置によって条文が違う
男女雇用機会均等法の根拠条文：第9条第3項

ハラスメント

育児休業を利用したこと等を理由として、上司・同僚による就業環境を害する行為

育児・介護休業法の根拠条文：第25条第1項
男女雇用機会均等法の根拠条文：法第11条の3第1項

（6）改正育児・介護休業法 変わる5つのポイント

　男性の育児休業取得を促進するために提案された「育児休業、介護休業等育児又は家族介護を行う労働者の福祉に関する法律及び雇用保険法の一部を改正する法律」が、令和3年6月3日に衆議院本会議で可決され、成立しました。今回の改正は特に「育児休業」にフォーカスした内容となっており、「父親・母親が希望すれば仕事や育児を両立するために柔軟に休業することができる」ようになることを目的としています。

　職場でのマタハラ・パタハラは育児休業に関連したものが多く見られます。労働者・事業主ともに、無知によりハラスメントの被害者・加害者にならないよう、制度について周知しておくことが必要です。

改正ポイント

①妊娠・出産を申し出た従業員（男女問わず）に、育休制度の周知や取得の意思があるかどうかの確認を義務付け〔令和4年4月1日施行〕
②子の出生直後の時期における育児休業の枠組みの創設
　〔令和4年10月1日施行〕
③育休取得の分割取得〔令和4年10月1日施行〕
④育児休業の取得状況の公表の義務付け〔令和5年4月1日施行〕
⑤有期雇用労働者の育児・介護休業取得要件の緩和
　〔令和4年4月1日施行〕

育児・介護休業法の改正部分は令和4年（2022年）4月1日から段階的に施行となります。

改正ポイント

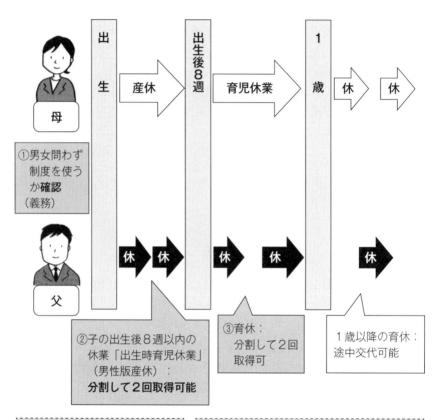

母

①男女問わず制度を使うか**確認**（義務）

出生 産休 出生後8週 育児休業 1歳 休 休

父

休 休 休 休 休

②子の出生後8週以内の休業「出生時育児休業」（男性版産休）：
分割して2回取得可能

③育休：分割して2回取得可

1歳以降の育休：途中交代可能

④従業員1,000人を超える企業には、男性の育児休業取得率を毎年公表するよう義務付ける

⑤男女問わず、1年以上の雇用が育休取得の条件であった有期雇用労働者についての要件廃止。ただし労使協定が締結された場合に対象外となることもあり

厚生労働省「男性の育児休業取得促進等に関する参考資料」を基に筆者が作成

第2章

マタハラ事例

この章では具体的なマタハラ事例を見ていきます。
マタハラに当たる「言動」だけでなく、その根本原因となる職場の性
別役割分担意識や長時間労働等についても見直してみましょう。

マタハラ？
会社のために尽くす人じゃなくて自分のことを優先する人
間を、なぜ会社が配慮しなければならないの？

14

||||||||||||||||||||||||||||||||||||||||||||||

　職場におけるマタハラ対策は当事者である妊産婦だけでなく、上司や同僚や部下等、皆が働きやすい職場環境をつくっていくための対策となります。

みんなで
お仕事！

||||||||||||||||||||||||||||||||||||||||||||||

マタハラ対策の必要性：
改正男女雇用機会均等法および改正育児・介護休業法では、事業主に対し、職場における妊娠・出産・育児休業等に関する言動により就業環境が害されることを防止する措置を講じることが義務付けられています

　妊娠・出産を機に約5割の女性が退職をしています（国立社会保障・人口問題研究所「第15回出生動向基本調査（府婦調査）」。過去5年間（2012年10月～2017年9月）に出産・育児を理由に前職を離職した女性は約101万人で、その理由に「仕事と育児の両立が難しい」ことが挙げられています。
　「育休等の制度が取れる雰囲気ではなかった」、「職場に両立を支援する雰囲気がなかった」、「両立できる働き方ができそうになかった」というような職場風土や体制を変えないことには、「妊娠・出産をしながらも働き続けられる」、「同僚に妊産婦がいても苦痛なくサポートできる」ことはできません。
　マタハラ対策の必要性を明確にし、周知啓発していくことが必要です。

15

第一子出産前後の女性の継続就業率

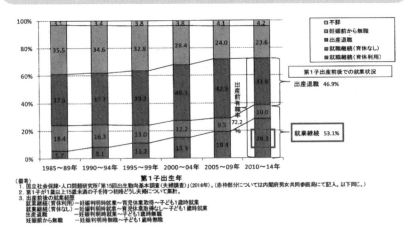

（備考）
1. 国立社会保障・人口問題研究所「第15回出生動向基本調査（夫婦調査）」(2016年)。（赤枠部分については内閣府男女共同参画局にて記入。以下同じ。）
2. 第1子が1歳以上15歳未満の子を持つ初婚どうし夫婦について集計。
3. 出産前後の就業経歴
　　就業継続（育休利用）－妊娠判明時就業～育児休業取得～子ども1歳時就業
　　就業継続（育休なし）－妊娠判明時就業～育児休業取得なし～子ども1歳時就業
　　出産退職　　　　　　－妊娠判明時就業～子ども1歳時無職
　　妊娠前から無職　　　－妊娠判明時無職～子ども1歳時無職

「第一子出産前後の女性の継続就業率」及び出産・育児と女性の就業状況について（平成30年11月内閣府男女共同参画局）から第一子出産後の女性の継続就業割合を見ると、53.1%（2015（平成27）年度）となっています。理由としては「子育てをしながら仕事を続けるのは大変だったから」が52.3%と最も多く見られます。（出典：内閣府HP）

第一子の妊娠・出産を機に仕事を辞めた理由

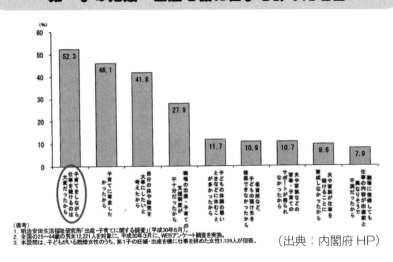

（備考）
1. 明治安田生活福祉研究所「出産・子育てに関する調査」(平成30年6月)。
2. 全国の25～44歳の男女12,221人を対象に、平成30年3月に、WEBアンケート調査を実施。
3. 本設問は、子どもがいる既婚女性のうち、第1子の妊娠・出産を機に仕事を辞めた女性1,139人が回答。

（出典：内閣府HP）

仕事と育児の両立の難しさで辞めた理由

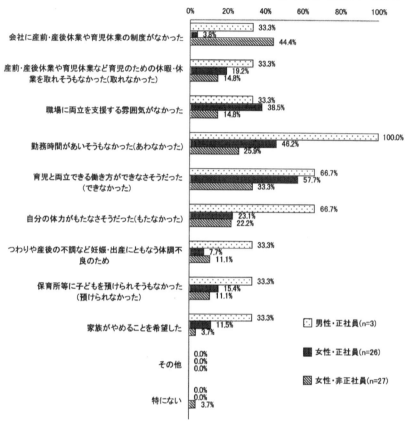

会社に産前・産後休業や育児休業の制度がなかった
33.3%
3.8%
44.4%

産前・産後休業や育児休業など育児のための休暇・休業を取れそうもなかった（取れなかった）
33.3%
19.2%
14.8%

職場に両立を支援する雰囲気がなかった
33.3%
38.5%
14.8%

勤務時間があいそうもなかった（あわなかった）
100.0%
46.2%
25.9%

育児と両立できる働き方ができなさそうだった（できなかった）
66.7%
57.7%
33.3%

自分の体力がもたなさそうだった（もたなかった）
66.7%
23.1%
22.2%

つわりや産後の不調など妊娠・出産にともなう体調不良のため
33.3%
7.7%
11.1%

保育所等に子どもを預けられそうもなかった（預けられなかった）
33.3%
15.4%
11.1%

家族がやめることを希望した
33.3%
11.5%
3.7%

その他
0.0%
0.0%
0.0%

特にない
0.0%
0.0%
3.7%

□ 男性・正社員(n=3)
■ 女性・正社員(n=26)
▨ 女性・非正社員(n=27)

※「男性・正社員」はサンプル数が限られるため参考値。
※上図の就労形態は末子妊娠判明当時のもの。

「第一子出産前後の女性の継続就業率」及び出産・育児と女性の就業状況について（平成30年11月内閣府男女共同参画局）（出典：内閣府HP）

　これで見ると、退職の理由の大部分が「職場体制」に関わるものとなっています。積極的な職場環境改善が必要です。

マタハラ事例　2

「大企業なら産休・育休制度があるかもしれないけど、うちは従業員8人の小さな会社だからそんな制度無いし取られたら迷惑」と言われた。
就業規則も無いし…無理か…。

||||||||||||||||||||||||||||||||||||||||||||||||

　産前産後休業、育児休業は「労働基準法」、「育児・介護休業法」で定めているもので、各企業で定めているものではありません。企業の規模や制度を理由に、産休・育休の請求を拒むことはできません。

||||||||||||||||||||||||||||||||||||||||||||||||||

育休・産休制度の法の適用：
企業規模にかかわらず、また会社に就業規則等が無くとも、要件を満たした人が産前産後休業、育児休業の申し出をすれば、労働基準法、育児・介護休業法に基づき休業を取得することができます

　厚生労働省が公表した令和元年度の雇用均等基本調査によると、従業員数500人以上の規模の事業所では99.8％で育休に関する規定があるのに対し、従業員数5〜29人規模の事業所ではそれが76.1％に留まっています。規模の小さな企業ほど人材や資金に余裕が無く、子育てと仕事の両立支援制度の整備が遅れている状況です。

　今後、労働力人口が減少していくことが予想されている中、多種多様な働き方を受け入れていくことが企業活動の基本となります。規模の小さい中小企業こそ、柔軟な働き方改革を進めるメリットがあります。厚生労働省が出している「中小企業のための『育児復帰支援プラン』策定マニュアル」に基づいてプランを策定・運用し、働きやすい職場づくりを目指しましょう。

育児のため時短勤務の申出をしたら、正社員からパートタイムへ切り替えるよう上司から強要された。迷惑かけてるから仕方ないか…。

これで皆と同じ待遇だと
「一生懸命働いている他の人」と
不公平感が出るでしょ

夕方に帰る正社員
なんていらないのよ

子どもがいるからって
「残業しません・土日働きたくない・
でもお給料はそのままで」
なんてワガママ言わないで！

すいません…

||||||||||||||||||||||||||||||||||||||||||||||

　女性労働者が制度等の利用の請求等をしたことにより、上司が当該女性労働者に対して不利益な取扱を示唆することは、「制度等の利用に関する言動により就業環境が害される典型的な例」に当たります。

||||||||||||||||||||||||||||||||||||||||||||||

制度等の利用に関する言動により就業環境が害される典型的な例①：
解雇等その他不利益取扱いを示唆するもの（育児・介護休業等に関するハラスメント防止指針第２十四（一）二（ロ）①）

　マタハラが起きる背景の１つに価値観の違いが挙げられます。長時間労働の下、皆が同じように働くことが平等であると考える場合、制度を利用したことで長時間労働ができない人は「普通のことができていない」、「頑張っていない」のだから、「評価を下げるべき」という考えにつながりやすくなります。

　また「仕事を休んだら周囲に迷惑」、「仕事を休むこと＝悪いこと」という無意識の偏見（アンコンシャスバイアス）を職場内の多くの人が持っていると、「仕事を休む人に不利益な取扱をしてはいけないとは思うけど、実際は仕方ない」といった嫌がらせを許容してしまう職場風土の形成につながります。

　マタハラが起きる原因・背景について理解すること、周知啓発を行っていくことも、安心して働くことができる環境へとつなげるための大切な方策となります。

育休を申請したいことを同僚に相談したら、「今は申請しないで」と繰り返し言われるようになった。
上司じゃない同僚の発言もマタハラになる？

2人目の子どもを
出産予定の労働者

こんなに人がいない時に
育休取るなんて信じられない！
私なら申し訳なくて
請求できない！

育休取るのは新しい人が
入ってきてからにしてよ
今は本当に迷惑

同僚

||||||||||||||||||||||||||||||||||||||||||||||||||

制度の利用を阻害

行為者：上司・同僚

　制度の利用の請求等または制度等の利用を阻害する言動の行為者となるのは、「上司」と「同僚」です。

||||||||||||||||||||||||||||||||||||||||||||||||||||||||||

制度等の利用に関する言動により就業環境が害される典型的な例②：
制度等の利用の請求等の利用を阻害するもの
（育児・介護休業等に関するハラスメント防止指針2⑷ロ②）

　「制度等の利用の請求等の利用を阻害する」言動には以下のようなものが該当します。
・労働者が制度の利用をしたい旨を上司に相談したところ、上司がその労働者に対し、請求しないように言うこと
・労働者が制度の利用の請求をしたところ、上司がその労働者に対し、請求を取り下げるように言うこと
・労働者が制度の利用の請求をしたい旨を同僚に伝えたところ、同僚がその労働者に対し、繰り返しまたは継続的に、請求をしないように言うこと
・労働者が制度利用の請求をしたところ、同僚がその労働者に対し、繰り返しまたは継続的に、その請求等を取り下げるように言うこと
　上司がこのような言動を行った場合は1回でも該当しますが、同僚が行った場合は「繰り返しまたは継続的なもの」が該当します。

23

「制度等の利用への嫌がらせ」の対象となる制度

　次に掲げる制度または措置（制度等）の利用に関する言動により就業環境が害されるものが「制度等の利用への嫌がらせ」に当たります。

労働基準法および男女雇用機会均等法が対象とする制度または措置

①産前産後休業

産前６週間（請求による）、産後８週間（強制休業）の休業

②妊娠中および出産後の健康管理に関する措置（母性健康管理措置）

使用者は妊娠中および出産後の女性労働者の保健指導・健康診断を受けるための時間を与えなければならない

③軽易な業務への転換

請求により軽易な業務へ転換させなければならない

業務
転換

育児・介護休業法が対象とする制度または措置

①育児休業

育児のために原則として子が１歳になるまで取得できる休業

1歳

②介護休業

介護のために対象家族１人につき通算93日間取得できる休業

③子の看護休暇

子の看護のために年間５日間取得できる休暇

5日

④所定外労働の制限

育児または介護のための残業免除

残業
免除

④労働時間の制限

変形労働時間制の適用制限、
時間外労働・休日労働・
深夜業の制限

⑤深夜業の制限

育児または介護のため深夜業を
制限

深夜業
の制限

⑤育児時間

生後1年に達しない子を育てる
女性労働者は育児時間が取れる

1日2回
少なくとも
毎回30分

⑥時間外労働の制限

育児または介護のため時間外労
働を制限

1カ月24時間、
1年150時間
以内

⑥坑内業務の就業制限および
危険有害業務の就業制限

坑内作業（女性労働基準規則第1
条）、危険有害業務（女性労働基
準規則第2条）の就業制限

⑦所定労働時間の
短縮措置

育児または介護のため所定労働
時間を短縮する制度

時短
勤務

⑧始業時刻変更等の措置

育児または介護のために始業時
刻を変更する等の制度

時間
変更

妊娠を機に事務作業中心の勤務へ変更してもらってから上司がネチネチ絡んでくる…。働きづらい…。

残業できないんだから
会議に参加しなくていいよ

妊婦っていいね～
座って仕事してるフリ
してるだけでお給料
貰えるんだもんね

上司

部下・妊婦

||||||||||||||||||||||||||||||||||||||||||||||

労働者が制度等の利用をしたところ、上司・同僚がその労働者に対して、繰り返しまたは継続的に嫌がらせをする行為はマタハラに該当します。

||||||||||||||||||||||||||||||||||||||||||||||||||||||

制度等の利用への嫌がらせ型①：
制度等を利用したことにより嫌がらせ等をするもの（妊娠・出産等に関するハラスメント防止指針２(4)ロ③）

　ここで言う「嫌がらせ」とは、嫌がらせ的な言動（「侮辱する」、「貶める」、「委縮させる」といった言動で、客観的に見て一般的な労働者であれば、言動を受けた女性労働者の能力の発揮や継続就業に重大な悪影響が生じる等、当該労働者が就業する上で看過できない程度の支障が生じるようなものを、直接労働者にぶつけるような言動）だけでなく、以下の言動も含みます。
　・業務に従事させない、または専ら雑務に従事させる
　・業務に必要な仕事上の情報を与えない
　・これまで参加していた会議に参加させない　等

27

マタハラ事例　6

つわり症状が強い労働者がいる。就業時間中に横になっていることが多く休業を勧めたが納得しない。
そのため軽易な作業の部署に異動させたところ、「望んでもいないのに。マタハラだ！」と言われた。これってハラスメントなの？

|||||||||||||||||||||||||||||||||||||||||||||||

必要な
配慮

　業務分担や安全配慮等の観点から客観的に見て、業務上の必要性に基づく言動によるものについては、職場における育児休業等に関するハラスメントには該当しません。

|||||||||||||||||||||||||||||||||||||||||||||||

業務上の必要に基づく言動：
客観的に見て「労働者の健康をまもる」必要性が高い配慮が必要な場合（妊娠・出産等に関するハラスメント防止指針2⑴）

　妊娠等の状態と嫌がらせ等となる行為の間に因果関係があるものがマタハラに該当します。

　妊婦本人にはこれまで通り勤務を続けたいという意欲がある場合であっても、客観的に見て、妊婦の体調が悪い場合に行ったそれに見合う配慮は業務上の必要性に基づく配慮となり、「ハラスメント」には該当しません。

　ただし、労働者の意をくまない一方的な通告はハラスメントとなる可能性がありますので、妊婦である労働者の体調を最優先にして、本人の意向や業務の都合と相談しながら取り組むことが大切です。

制度等の利用への嫌がらせに「該当する」言動の具体例

長期間休むのなら
辞めてもらうしかない

妊婦検診のための休み？
元々の休みを使って
行ってきてよ

こんなに休んだら
キャリアが台なしになる
休むの止めなさい

上司

・解雇その他の不利益取扱を示唆
・利用の請求等をしないように言う
・請求を取り下げるように言う
・繰り返しまたは継続的に嫌がらせ等を行う
　　　　といった「一方的」で「継続的」言動が当てはまります。

そんなに
休むなんて
自分だったら
しないな

残業できない人が
いるとこっちの仕事
増えて迷惑

同僚

制度等の利用への嫌がらせに「該当しない」
業務上の必要性に基づく言動の具体例

次の妊婦検診はいつ？
この日を避けてもらいたい
んだけど調整できる？

この時期に勤務できないと
来年度の仕事の割りふりを
考えなきゃならないんだけど
どうする？？

上司

　引継ぎ等業務体制を見直すために、制度等の利用を希望する労働者に希望する休業日等を確認すること、あるいは業務上の必要性があって制度等の利用を希望する労働者に変更を依頼したり相談をすることは、強要しない限りは制度等の利用に関するハラスメントに該当しません。

　また、事業主が労働者の事情やキャリアを考慮して、育児休業等からの早期の職場復帰を促すこと自体は、制度等の利用が阻害されるものには該当しません。

この日は自分の休みと
重なってしまうんだけど
検診の日ずらせないかな？

同僚

うちの会社は昔から「妊娠したら一度退職する」という慣例がある。

先日上司に妊娠を報告したら「退職日いつ？」って…。やはり妊娠＝寿退社か…。

会社が「妊娠をしている状態では通常の業務ができない」ことを理由に解雇したり、退職を迫ったり、不利益な労働契約条件を強要することは禁止されています（男女雇用機会均等法第９条第３項）。

状態への嫌がらせ型①：
解雇、その他不利益取扱を示唆するもの
（妊娠・出産等に関するハラスメント防止指針２(5)）

　妊娠そのものは病気ではなく、産前休業については強制休業ではないため、妊婦であっても就労する権利があります。悪意やハラスメントの自覚の有無に関わらず、妊娠した女性に対して妊娠等を理由に解雇したり、賃金や労働条件が劣る配置・業務へ一方的に変更したりすることはハラスメントに該当します。

　事業主は働く女性や働く男性の配偶者が妊娠・出産したことを知った場合、その方に個別に育児休業等に関する制度（育児休業中・休業後の待遇や賃金、労働条件等）を明示するよう努力しなければなりません（育児・介護休業法第21条）。

女性労働者が「妊娠したこと等」

「状態への嫌がらせ型マタハラ」は以下の妊娠または出産に関する事由（以下「妊娠したこと等」）に関する言動により、就業環境が害されるものです。

①妊娠したこと

②出産したこと

③産後の就業制限の規定により就業できず、または産後休業したこと

④妊娠または出産に起因する症状により労務の提供ができないこと、または労働能率が低下したこと

「妊娠または出産に起因する症状」とは：
つわり、妊娠お阻、切迫早産、出産後の回復不全等、妊娠または出産したことに起因して妊産婦に生じる症状をいう。

⑤坑内業務の就業制限もしくは危険有害業務の就業制限の規定により業務に就くことができないこと、またはこれらの業務に従事しなかったこと

男女雇用機会均等法第9条第3項：

事業主は、その雇用する女性労働者が妊娠したこと、出産したこと、その他の妊娠または出産に関する事由であって厚生労働省令で定めるものを理由として、当該労働者に対して解雇その他不利益な取扱をしてはならない

妊娠・出産等を理由とする不利益取扱の例

解雇をする

契約の更新を
しない

労働契約内容の
変更の強要

降格

人事考課において
不利益な算定を
行う

不利益な配置の変更

減給

妊娠しているけど体調は悪くないので普段通り働けるのに、仕事が雑用しかない。
前と同じ仕事がしたいというのはワガママ？？

何か仕事ありませんか？

妊娠してたら仕事なんて
まともにできないんだから

妊婦はすぐ
体調崩すでしょ
電話番だけで良いよ

||||||||||||||||||||||||||||||||||||||||

女性労働者が妊娠等をしたことにより、上司・同僚がその女性労働者に対して嫌がらせ等をすることはマタハラに該当します。

||||||||||||||||||||||||||||||||||||||||

状態への嫌がらせ型②：
妊娠等をしたことにより嫌がらせ等をするもの（妊娠・出産等に関するハラスメント防止指針2⑸ロ②）

　妊娠等をしたことにより嫌がらせを受けて、それによって労働者の就業環境が害される状態はマタハラに該当します。ただし、これは労働者への具体的なマタハラ言動があるのみでは足りず、客観的に見て一般的な労働者であれば、能力の発揮や継続就業に重大な悪影響が生じる等、当該労働者が就業する上で看過できない程度の支障が生じるものを指します。

　平成29年（2017年）1月の改正法により、「妊娠・出産等を理由とする不利益取扱」の判断基準が整備され、従来の不利益取扱と整理・区別して「妊娠・出産等に関するハラスメント」について、事業主に対する防止措置を義務付けています（妊婦・出産等に関するハラスメント防止指針4）。

状態への嫌がらせに「該当する」発言の具体例

こんな忙しい時期に
妊娠なんて
皆の迷惑も考えて

症状ツラいなら
一度退職したら？
子育て落ち着いたら
戻ってくれば良いわ

妊娠したのなら
家庭第一に考えて
仕事をセーブすべきよ

上司

出産・育児等により就労状況が変化したこと等に対して行われる嫌がらせです。以下のようなものが該当します。
・解雇その他の不利益取扱を示唆する
・繰り返しまたは継続的に嫌がらせをする

体調悪いなら
仕事辞めれば
いいのに

妊婦が職場にいると
気を使わなきゃだから
効率が下がる

同僚

状態への嫌がらせに「該当しない」
業務上の必要性に基づく言動の具体例

残業が多くてツラそう
だけど大丈夫？
業務分担を見直そうと
思うんだけど
どうかしら？

もう少し楽な業務に
変わった方が
良いと思うんだけど
どう？

上司

　妊婦本人はこれまで通り勤務する意欲がある場合でも、客観的に見て、妊婦の体調が悪い場合に行った業務上の配慮は「業務上の必要性に基づく言動」となり、ハラスメントには該当しません。

つわり辛そうだね
お医者さんから休むように
言われてない？

同僚

パワハラ気質の副主任が妊娠した。
妊娠後さらに横暴になり退職者が続出したため降格・部署異動したところ、「マタハラだ！」と訴えられた。
妊娠はきっかけだけど、これは労働者に問題があるからハラスメントじゃないでしょ。

||||||||||||||||||||||||||||||||||||||||||||||||||

　本人の能力不足・成績不良・態度不良等を理由に「業務上の必要性」から不利益取扱をせざるを得ない状況の場合は、次ページに挙げた事項等を勘案して判断されます。

||||||||||||||||||||||||||||||||||||||||||||||||||||||

本人の能力不足・成績不良・態度不良等を理由とする場合：
能力不足等は、妊娠・出産に起因する症状によって労務提供ができないことや労働能率の低下等ではないこと

　妊娠前から能力不足等が問題となっていた場合には「妊娠等の事由の発生以前から必要な指導等を行い、改善の機会を与えても改善の見込みが無いと言える等の状況がある」ことが必要です。
　いくら本人の能力不足・成績不良・態度不良等があったとしても事前に必要な指導を行っておらず、妊娠等したこと・労働能率の低下等を契機に不利益な取扱を行うことは「妊娠・出産等を理由とした不利益取扱」に該当すると判断される可能性が高くなります。
　問題のある労働者に対しては、日ごろから相手に改善を促す適切な指導を行っていくことが必要です。

妊娠・出産・育児休業等の申出等を「理由として」いるかの判断

妊娠・出産等の申出等を理由としている」かどうかの判断は、具体的には以下の流れで法違反になるか否かが判断されます。

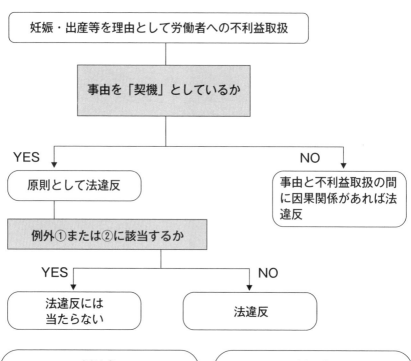

業務上の必要性から不利益取扱をせざるを得ない状況

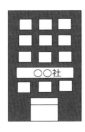

経営状況を理由とする場合

（事業主側の状況）
・債務超過や赤字の累積等、不利益取扱をせざるを得ない事情が生じているか
・不利益取扱を回避する真摯かつ合理的な努力（他部門への配置転換等）がなされたか

（労働者の状況）
・不利益取扱が行われる人の選定は妥当か（職務経験等による客観的・合理的基準による公正な選定か）

本人の能力不足・成績不良・態度不良等を理由とする場合
（ただし能力不足等は、妊娠・出産に起因する症状によって労務提供ができないことや労働能率の低下等ではないこと）

（事業主側の状況）
・妊娠等の発生以前から能力不足等を問題としていたか
・不利益取扱の内容・程度が、能力不足等の状況と比較して妥当か
・同様の状況にある他の（問題のある）労働者に対する不利益取扱と均衡が図られているか
・改善の機会を相当程度与えたか否か
・同様の状況にある他の（問題のある）労働者と同程度の研修・指導等が行われていたか

（労働者の状況）
・改善の機会を与えてもなお、改善する見込みが無いと言えるか

妊娠に伴う体調不良があって業務量を減らしてもらった。
仕事の量は確かに減ってラクになったけど、正社員じゃな
くなるとかボーナス無くなるとか勤続年数がリセットされ
るとか聞いてなかった…。

「仕事減らす」って
常識的に考えて
そういうことになるって
分かるでしょ

この忙しい時に配慮
してあげたんだから
情報収集くらい
自分でやってよ

条件

＜　希望　＞
・外回りなし
・残業なし
・夜勤なし
↓
正社員→パート
へ変更

||||||||||||||||||||||||||||||||||||||||||

　不利益な取扱については、「自由意志を妨げることなく、明確に説明しているか」、「相手の意向を聞いた上で対応しているか」等の視点が重要です。

まあ、こんなもの
　　　かな

||||||||||||||||||||||||||||||||||||||||||||||

妊娠・出産等を理由とした不利益取扱に該当しない例外：
労働者が当該取扱に同意している場合で、有利な影響が不利な影響の内容や程度を上回り、事業主から適切に説明がなされる等、一般的な労働者なら同意するような合理的な理由が客観的に存在するとき

　妊娠・出産等を契機に労働者にとって不利益な取扱を行う場合でも、ハラスメントに該当しない場合もあります。
　例えば降格を行う場合には、直接的な影響（降格）だけでなく、それに伴う減給や裁量の変化、社内における地位等、間接的な影響も含めて書面等労働者が理解しやすい形で説明の上、労働者の自由な意思決定ができることが求められます。
　また契機となった事由や取扱による有利な影響（労働者の意向に沿って、業務量が軽減される等）があって、その有利な影響が不利な影響を上回っていれば、「合理的な理由が客観的に存在するとき」と判断されます。

一般的な労働者なら同意するような 「合理的な理由が客観的に存在するとき」に該当すると 判断される具体的事項 チェックリスト

☐ 事業主から労働者に対して適切な説明が行われ、労働者が十分に理解した上で当該取扱に応じるかどうかを決めることができたか

適切な説明

労働者の理解

☐ 不利益取扱による直接的影響だけでなく、間接的な影響に伴う減給についても説明されたか

直接的影響 （降格）

減給

裁量権が小さくなる

☐ 書面等労働者が理解しやすい形で明確に説明がなされたか

労働者が理解しやすい形で説明

☐ 自由な意思決定を妨げるような説明がなされていないか

今退職するなら会社都合の退職という形にするよ
同意が遅ければ自己都合になるから失業保険が減るけど良いの？

□　契機となった事由や取扱による有利な影響があって、その有利な影響が不利な影響を上回っているか

マタハラ事例　11

香りの強い製品を取り扱う職場の匂いが、つわりでツラい。
医師から作業環境の変更の指示を受けたため上司に相談し
たところ「そんな個人的なワガママの対応はムリ」と断ら
れた。
どうしたらいいのか…。

仕事にならないでしょ
勤務場所を
検討してもらって

ワガママ！
人がいないしムリ！！

No!!

職場の上司

妊婦検診

||||||||||||||||||||||||||||||||||||||||||||||

　妊娠中および出産後の女性労働者が健康診査等を受けた場合は、その女性労働者が受けた指導を守ることができるようにするために、事業主が必要な措置を講じなければなりません（男女雇用機会均等法第13条）。

||||||||||||||||||||||||||||||||||||||||||||||

医師の指導事項を守ることができるようにするために事業主が講じなければいけない措置：
①妊娠中の通勤緩和
②妊娠中の休憩に関する措置
③妊娠中または出産後の症状等に対応する措置

　妊娠・出産に関する権利・制度は女性労働者を保護する制度として、主に労働基準法と男女雇用機会均等法で定めています。産前産後休業をはじめとするこれら制度は母性保護がその目的とされていますので、例えば妊娠中の症状により医師からの休業や通勤緩和の指導を受けて、労働者が希望しているにもかかわらず、事業主が「そんな制度はうちに無い」、「業務がまわらない」等といった理由で制度利用を妨げる場合は、同法違反としてマタハラに該当することになります。
　事業主が健康管理の措置を適切に講じることができるようにするためには、医師に「母性健康権利指導事項連絡カード」を記入してもらい事業主に提出する方法が有効です。

母性健康管理指導事項連絡カードの活用を！

　母性健康管理指導事項連絡カード（母健連絡カード）は働く妊婦さんを対象とした制度の1つです。医師から妊婦さんへの健康指導事項を、事業主に適切に連絡するために使われます。また、新型コロナウイルス感染症に関する措置に対しても母健連絡カードの適用が認められています。

<　　権利・制度一覧　＞

・産前産後休業（労基法第65条第1項、第2項）

・軽易業務への転換（労基法第65条第3項）

・妊産婦の時間外・休日労働・深夜業の制限（労基法第66条第2項、第3項）

・坑内業務の就業制限（労基法第65条の2）

・危険有害業務の就業制限（労基法第64条の3）

・保健指導または健康診査を受けるための時間の確保（男女雇用機会均等法第12条）

・医師の指導事項を守ることができるようにするための必要措置（男女雇用機会均等法第13条）

・妊娠・出産離職者の再雇用特別措置努力（育介法第27条）

母性健康管理指導事項連絡カード

事業主　殿

年　　　月　　　日

医療機関等名　........................

医師等氏名　........................

下記の１の者は、健康診査及び保健指導の結果、下記２～４の措置を講ずることが必要であると認めます。

記

1. 氏名　等

氏名		妊娠週数		週	分娩予定日	年	月	日

2. 指導事項

症状等（該当する症状等を○で囲んでください。）

措置が必要となる症状等
つわり、妊娠悪阻、貧血、めまい・立ちくらみ、
腹部緊満感、子宮収縮、腹痛、性器出血、
腰痛、痔、静脈瘤、浮腫、手や手首の痛み、
頻尿、排尿時痛、残尿感、全身倦怠感、動悸、
頭痛、血圧の上昇、蛋白尿、妊娠糖尿病、
赤ちゃん（胎児）が週数に比べ小さい、
多胎妊娠（　　　　胎）、産後体調が悪い、
妊娠中・産後の不安・不眠・落ち着かないなど、
合併症等（　　　　　　　　　　　　　　　　）

指導事項（該当する指導事項欄に○を付けてください。）

標準措置			指導事項
休業	入院加療		
	自宅療養		
勤務時間の短縮			
作業の制限	身体的負担の大きい作業（注）		
		長時間の立作業	
		同一姿勢を強制される作業	
		腰に負担のかかる作業	
		寒い場所での作業	
		長時間作業場を離れることのできない作業	
	ストレス・緊張を多く感じる作業		

（注）「身体的負担の大きい作業」のうち、特定の作業について制限の必要がある場合には、指導事項欄に○を付けた上で、具体的な作業を○で囲んでください。

標準措置に関する具体的内容、標準措置以外の必要な措置等の特記事項

3. 上記2の措置が必要な期間
（当面の予定期間に○を付けてください。）

1週間（	月	日～	月	日）	
2週間（	月	日～	月	日）	
4週間（	月	日～	月	日）	
その他（	月	日～	月	日）	

4. その他の指導事項
（措置が必要である場合は○を付けてください。）

妊娠中の通勤緩和の措置（在宅勤務を含む。）	
妊娠中の休憩に関する措置	

指導事項を守るための措置申請書

年　　　月　　　日

上記のとおり、医師等の指導事項に基づく措置を申請します。

所属　........................

事業主　殿

氏名　........................

この様式の「母性健康管理指導事項連絡カード」の欄には医師等が、また、「指導事項を守るための措置申請書」の欄には女性労働者が記入してください。

（参考）症状等に対して考えられる措置の例

症状名等	措置の例
つわり、妊娠悪阻	休業（入院加療）、勤務時間の短縮、身体的負担の大きい作業（長時間作業場を離れることのできない作業）の制限、においがきつい・換気が悪い・高温多湿などのつわり症状を増悪させる環境における作業の制限、通勤緩和、休憩の配慮　など
貧血、めまい・立ちくらみ	勤務時間の短縮、身体的負担の大きい作業（高所や不安定な足場での作業）の制限、ストレス・緊張を多く感じる作業の制限、通勤緩和、休憩の配慮　など
腹部緊満感、子宮収縮	休業（入院加療・自宅療養）、勤務時間の短縮、身体的負担の大きい作業（長時間の立作業、同一姿勢を強制される作業、長時間作業場所を離れることのできない作業）の制限、通勤緩和、休憩の配慮　など
腹痛	休業（入院加療）、疾患名に応じた主治医等からの具体的な措置　など
性器出血	休業（入院加療）、疾患名に応じた主治医等からの具体的な措置　など
腰痛	休業（自宅療養）、身体的に負担の大きい作業（長時間の立作業、同一姿勢を強制される作業、腰に負担のかかる作業）の制限　など
痔	身体的負担の大きい作業（長時間の立作業、同一姿勢を強制される作業）の制限、休憩の配慮　など
静脈瘤	勤務時間の短縮、身体的負担の大きい作業（長時間の立作業、同一姿勢を強制される作業）の制限、休憩の配慮　など
浮腫	勤務時間の短縮、身体的負担の大きい作業（長時間の立作業、同一姿勢を強制される作業）の制限、休憩の配慮　など
手や手首の痛み	身体的負担の大きい作業（同一姿勢を強制される作業）の制限、休憩の配慮　など
頻尿、排尿時痛、残尿感	休業（入院加療・自宅療養）、身体的負担の大きい作業（寒い場所での作業、長時間作業場を離れることのできない作業）の制限、休憩の配慮　など

全身倦怠感	休業（入院加療・自宅療養）、勤務時間の短縮、身体的負担の大きい作業の制限、休憩の配慮、疾患名に応じた主治医等からの具体的な措置　など
動悸	休業（入院加療・自宅療養）、身体的負担の大きい作業の制限、疾患名に応じた主治医等からの具体的な措置　など
頭痛	休業（入院加療・自宅療養）、身体的負担の大きい作業の制限、疾患名に応じた主治医等からの具体的な措置　など
血圧の上昇	休業（入院加療・自宅療養）、勤務時間の短縮、身体的負担の大きい作業の制限、ストレス・緊張を多く感じる作業の制限、疾患名に応じた主治医等からの具体的な措置　など
蛋白尿	休業（入院加療・自宅療養）、勤務時間の短縮、身体的負担の大きい作業の制限、ストレス・緊張を多く感じる作業の制限　など
妊娠糖尿病	休業（入院加療・自宅療養）、疾患名に応じた主治医等からの具体的な措置（インスリン治療中等への配慮）　など
赤ちゃん(胎児)が週数に比べ小さい	休業（入院加療・自宅療養）、勤務時間の短縮、身体的負担の大きい作業の制限、ストレス・緊張を多く感じる作業の制限、通勤緩和、休憩の配慮　など
多胎妊娠（　　胎）	休業（入院加療・自宅療養）、勤務時間の短縮、身体的負担の大きい作業の制限、ストレス・緊張を多く感じる作業の制限、通勤緩和、休憩の配慮　など
産後体調が悪い	休業（自宅療養）、勤務時間の短縮、身体的負担の大きい作業の制限、ストレス・緊張を多く感じる作業の制限、通勤緩和、休憩の配慮　など
妊娠中・産後の不安・不眠・落ち着かないなど	休業（入院加療・自宅療養）、勤務時間の短縮、ストレス・緊張を多く感じる作業の制限、通勤緩和、休憩の配慮　など
合併症等（自由記載）	疾患名に応じた主治医等からの具体的な措置、もしくは上記の症状名等から参照できる措置　など

契約社員だけど、切迫流産でお休みしていた。
医師より「立ち仕事を減らせるなら勤務可」と言われたので上司に相談したら、退職を勧められた。
正社員じゃないし…仕方ないか。

契約社員さんには
そんな制度無いよ

申し訳ないけど…
予定通り働けないなら
辞めるしかないんじゃ
ないかな

母性健康
管理指導
事項連絡
カード

上司

契約社員

54

||||||||||||||||||||||||||||||||||||||||||||||||

「パートが制度利用できるシステムは無い」、「正職員だけの福利厚生」というように、法律上の権利や制度を知らないために誤った対応を行いマタハラを起こすことが無いよう、権利・制度を理解することが必要です。

パートさんなんだからムリだよ

||||||||||||||||||||||||||||||||||||||||||||||||

雇用形態による妊娠・出産に関する権利・制度の適用範囲：
母性保護（均等法第13条）により、医師の指導があれば契約社員でも時短勤務や時差出勤、休職等の必要な措置を取らなければいけません

　妊娠・出産に関する権利・制度は、女性労働者を保護することが目的とされています。ですのでこれらの制度は期間の定めの無い正社員、有期契約社員、パート、アルバイト等、全ての女性労働者に適用されます（妊娠・出産等に関するハラスメント防止指針2(3)）。
　そのため、妊娠中の症状により医師から休業や通勤緩和の指導を受けて労働者が希望しているにもかかわらず、「有期契約には制度が無いから制度利用は認めない」等といった制度を妨げるような言動は男女雇用機会均等法第13条違反となり、マタハラに該当することになります。

妊娠は病気ではない。自分は何の助けも無く、出産前日まで働いた。
なのに「階段を使う仕事は無理」？「夫も育休」？
今の時代の妊婦は甘えているよね。

||||||||||||||||||||||||||||||||||||||||||||||||||

たかが妊娠
くらいで！

まぁ…そうだけど…

　「妊娠は病気ではない、甘えずにちゃんと働いて」という発言を職場の中で優越的な立場にある者がすることは、妊娠をした女性が制度利用を躊躇したり、就業環境が害されたりすることにつながる可能性が高くなり、注意が必要です。

||||||||||||||||||||||||||||||||||||||||||||||||||

マタハラの原因①：
妊娠・出産への理解不足・協力不足

　妊娠は「生理的な変化」で、出産は「治療するものではない」ので、妊娠・出産は病気ではありません。ですが様々な変化が起きる、とても揺らぎやすい特殊な状態と言えます。

　そのため妊娠や出産は病気ではない⇨だから「普段通りに働いて」という結論に繋げるのではなく、「妊娠・出産時の体調の揺らぎを整える薬や治療は無いのだから、より一層体調に配慮しましょう」という認識を持つことが必要です。

　また「自分はできたのだからあなたにだってできるはず」と自分の考えや思い込みを一方的に押し付ける言動は、思わぬハラスメント言動となる危険性があります。妊娠・出産・子育てといった家庭の問題との向き合い方や仕事とのバランスのとり方についての考え方は、人それぞれであることを前提に対応することが大事です。

社内での妊婦への対応はマニュアル化している。
文句言う人がいるけど、決まってることなんだから皆従っ
てほしいなあ。

配慮ありがとう
ございます！
助かります！

体調悪くないので
私は今のままの仕事
やれます！！

<妊娠した労働者への
対応マニュアル>

・正社員⇨パートへ変更
・重作業の無い事務作業へ
　変更
・休みやすいように重要な
　案件には携わらせない

妊婦Aさん

妊婦Bさん

||||||||||||||||||||||||||||||||||||||||||||||||||

「妊婦」とひとまとめにするのではなく、妊娠した女性に対して個別に制度に対する周知・意向確認を行うことが、事業主に義務付けられています

様々な働き方！

||||||||||||||||||||||||||||||||||||||||||||||||||

妊娠・出産（本人または配偶者）の申し出をした労働者に対する個別の周知・意向確認の措置：当該労働者に対し制度等の周知をするとともに、これらの制度の取得意向を確認するための措置の実施が事業主に義務付けられます（改正育児・介護休業法第 21 条）

　職場として同じ対応をしたとしても、妊娠した女性自身の体調や働き方への希望によって、「ちゃんとできるのに仕事を取り上げられた」、「こんなにツラいのに負担を減らしてもらえない」等、様々な受け取り方をされる可能性があります。妊娠時の体調には個人差が大きく、また希望する働き方については個別に対応しなければならない範囲が広いことに注意が必要です。

　今はどれくらいの仕事量が適当なのか・これからのキャリアをどう積み上げていこうと考えているのか等、各労働者と職場がきちんと話し合い、納得できる働き方を決めていくことが必要です。

来年度内定していた大学生が内定期間中に妊娠していることが判明し、「つわりで体調が悪い。入社後も頻繁に休むかもしれない」と相談された。
休みがちになる新人さんを雇う余裕は無いから、内定を取り消して子どもがいない他の人を選び直したいんだけどこれってハラスメント？

||||||||||||||||||||||||||||||||||||||||||

　企業が内定取り消しを行うには、合理的かつ客観的に正当な理由が必要となります。その理由として「妊娠」の事実だけを挙げ、一方的に内定取り消しを行った場合、マタハラに当てはまる可能性があります。

|||||||||||||||||||||||||||||||||||||||||||||

就活生等求職者に対するハラスメント対策：
事業主は職場における妊娠・出産等に関するハラスメントに対する方針の明確化等を行う際に、就活生等の求職者や雇用する労働者以外の者に対する言動についても、同様の方針を併せて示すことが望ましいとされました（妊娠・出産等に関するハラスメント防止指針6）

　2020年6月に改正労働施策総合推進法が施行となり、職場でのハラスメント（パワハラ・セクハラ・マタハラ）の防止対策が強化され、企業に措置義務が課されました。雇用関係に無い就活生は保護の対象にはならなかったものの、企業が取ることが「望ましい取組」として、就活生にハラスメントを行ってはならないと労働者に周知すること・就活生から相談があった場合には適切な対応を取るよう努めること等が示されました（妊娠・出産等に関するハラスメント防止指針6）。

　ですが望ましい取組として示されている「就活生等求職者に対するハラスメント規程」が定められていたのはわずか6％との調査結果も見られます（「仕事の世界におけるハラスメントに関する実態調査2021」日本労働組合総連合会、2021年6月）。積極的な防止対策の構築が必要です。

61

「独身なんだから時間に余裕あるよね」と、妊娠中・育児中の同僚の仕事がどんどんまわってくる。
子どもがいるってだけで優遇されるの、すごく不公平！これ、逆マタハラじゃない？？

||||||||||||||||||||||||||||||||||||||||||||

ハラスメントとは相手を傷つける嫌がらせ行為です。育休や子育て支援制度を使うことで他の社員にしわ寄せが出るのはマネジメントの問題であり、育休等の制度を使った者からの「嫌がらせ」ではありません。

||||||||||||||||||||||||||||||||||||||||||||||||

マタハラの原因②　フォローする社員への評価制度や人員増員などケア不足：
事業主はマタハラの原因や要因を解消するために、妊娠・出産等をした労働者の周囲の労働者への業務の偏りを軽減するよう、適切に業務分担の見直しを行うこととされています（妊娠・出産等に関するハラスメント防止指針４（４）①）

　子育て支援制度等を使った人をフォローする人の負担が大きくなってしまった場合は、本来ならば支える側の体制構築が不十分なマネジメント層に対して改革を求めるべきです。

　しかし、長時間勤務の下、皆が同じように働くことが平等だと考える風潮のある職場では、「足並み揃えて働けない人」に対して風当りが厳しくなり、「妊婦やワーキングマザーばかり優遇されてずるい」、「不公平」と不満の矛先が育児中の社員に向かってしまう例も多く見られ、ハラスメントの温床となります。

　フォローをしてくれている社員の評価を積極的に行う、人員増員等現場に無理なしわ寄せがいかないマネジメントを目指す等、子育て中の従業員だけが働きやすい企業を目指すのではなく、職場で働く皆が働きやすい職場環境を整えていく必要があります。

妊婦に重いもの持たせないとか早く帰らせるとか、配慮をするのは常識でしょ。
当然の権利なのに「子どもを言い訳にしてる妊婦様」ってイヤミ言われた！マタハラ！！

|||||||||||||||||||||||||||||||||||||||||||||||||||

　妊娠中や育児中の女性が傍若無人な振る舞いで周囲に迷惑をかける「逆マタハラ」はフォローする人に負担がかかる上、放置すると離職や人間関係の悪化、職場全体のモチベーションの低下につながります。

|||||||||||||||||||||||||||||||||||||||||||||||||||||||

逆マタハラ：
育休や子育て支援制度を利用する社員増が原因でその他の社員の負担が増大する事態、あるいは育休・子育て制度を利用する社員の配慮を欠いた言動により、その他の社員がストレスを募らせる状態

　妊娠中は体質・体調の著しい変化によって、身体的・精神的に大きな影響をもたらします。女性労働者が十分に職場で能力を発揮できるよう職場環境を整えることが必要ですが、妊娠中の労働者が「周囲のサポートは当然のこと」、「楽をするのが当たり前」ととらえた言動を行うことで、周囲の人のストレスとなることがあります。また、元々「被害者意識が強い」、「仕事をさぼりがち」等の問題点があった労働者が、妊娠を口実とし元の問題が強化されてしまうことも見られます。

　事業主はマタハラの原因や要因を解消するため、妊娠等した労働者の側においても周囲と円滑なコミュニケーションを図りながら自身の体調等に応じて適切に業務を遂行していくという意識を持つこと等を妊娠等した労働者に周知・啓発することが望ましいとされています（妊娠・出産等に関するハラスメント防止指針5(2)）。

マタハラ事例　18

出産後半年で職場復帰したら「子どもが可哀そう」、「自
分のキャリアより子ども優先にしなきゃ」と言われた。
悪意が無いのは分かるんだけど、仕事しづらい…。

子ども産まれたのに
正社員のままなの？
旦那さん高給取り
なのに何で働くの？

こんな小さいのに
保育園？？
かわいそう！
３歳までは家にいて
あげたら？？

||||||||||||||||||||||||||||||||||||||||||||||||||

どのようなキャリアパスを選択するかは、働く女性が決めることです。職場はその意思を尊重し、業務内容を調整する等職場環境を整えていきましょう。

||||||||||||||||||||||||||||||||||||||||||||||||||

マミートラック：
子どもを持つ女性の働き方の1つ。補助的な職種・分野で時短勤務を利用して働くことが多い、出世からかけ離れたキャリアルートのこと

出産後に自由度の高い働き方を選択することで、通常のキャリアコースから外れた「マミートラック」を選択せざるを得ない場合がケースが多く見られます。

また日本では「母になったら自分（母）のことよりも子どものことを優先にしないといけない」という文化が根強く見られます。国立社会保障・人口問題研究所が結婚経験のある女性を対象にした「全国家庭動向調査」によると、「自分たちを多少犠牲にしても、子どものことを優先すべき」への賛成割合は、1993年の第1回調査で72.8%、2008年の第4回調査で81.5%と高値を示しています。

悪意の有無にかかわらず、「母とはこういうもの」、「仕事とはこういうもの」、「女性はこうあるべき」という性別役割分担意識を相手に押し付けることはハラスメントの温床となります。

妊娠中や出産後は法律で守られているけど、妊活中はぜんぜん守られないよね…。

治療いつまでやるつもりなんだろ？年なんだからもう諦めたらいいのに

休みが多くて周りが迷惑してるの分からないかなあ

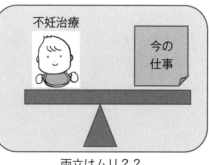

||||||||||||||||||||||||||||||||||||||||||||||||

　近年の晩婚化等を背景に不妊治療を受ける夫婦が増加しています。不妊治療や妊活をしながらも働き続けやすい職場づくりを行っていくことが必要です。

||||||||||||||||||||||||||||||||||||||||||||||||||||

プレ・マタニティーハラスメント（プレ・マタハラ）：
妊娠前・妊活中・不妊治療中等、子どもが欲しいと願っている時期の嫌がらせ、妊娠の妨げ

　過去5年間の「妊娠に至る前に勤務先で妊娠・出産等に関わる否定的な言動（プレマタハラ）を経験したと回答した者の割合は17.1％でした（厚生労働省委託事業「職場のハラスメントに関する実態調査」令和2年10月）。

　2020年6月の男女雇用機会均等法と育児・介護休業法のマタハラ防止対策強化として、「妊娠出産等に関する否定的な言動」に「不妊治療に対する否定的な言動」が追加されています（妊娠・出産等に関するハラスメント防止指針4(1)）。

　マタハラを防止していくためには「ハラスメントの内容」や「あってはならないこと」を周知させていくことはもちろんですが、それだけでなく、マタハラが起きる「原因」や「背景」（例えば職場で不妊治療や妊活、妊娠に対する否定的な言動が頻繁に行われ、それを周囲が許容している職場風土等）についても周知・啓発する必要があります。

不妊治療と仕事の両立を目指すためのチェックリスト

☐ 不妊治療と仕事の両立を支援する担当者（担当部門）が決まっている

☐ 不妊治療と仕事の両立に関する社内のニーズ、社外の動き等を把握している

☐ 不妊治療と仕事の両立に関し、利用可能な現行の社内制度について整理している

☐ 不妊治療と仕事の両立に関し、社内で望まれる制度や取組について整理している

☐ 不妊治療と仕事の両立に関し、利用可能な制度について社内の定期的に発信している

☐ 不妊治療と仕事の両立の推進について、社内研修等で啓発している

☐ 不妊治療と仕事の両立をしている人について、ハラスメントの防止の対策を講じている

☐ 不妊治療と仕事の両立に関する成果・実績や社内の評価を把握している

☐ 不妊治療と仕事の両立に際して生じる課題やその解決策当について、対応している

厚生労働省「不妊治療を受けながら働き続けられる職場づくりのためのマニュアル」

まずは自分の職場の現状把握（問題の有無・程度、現場のニーズはどれくらいか、不足している対策は何か等）を行っていきましょう。

両立支援等助成金（不妊治療両立支援コース）
（厚生労働省「両立支援等助成金について」）

　不妊治療のために利用可能な休暇制度・両立支援制度（不妊治療のための休暇制度、所定外労働制限、時差出勤、短時間勤務、フレックスタイム制、テレワーク）の利用しやすい環境整備に取り組み、不妊治療を行う労働者の相談に対応し、休暇制度・両立支援制度を労働者に取得または利用させた中小企業事業主に支給する。

＜　①環境整備、休暇の取得等　＞

・不妊治療と仕事の両立について労働者の相談に対応し、両立を支援する「両立支援担当者」を選任するとともに、不妊治療と仕事の両立のための社内ニーズの把握、利用可能な制度の周知を行うこと

・両立支援担当者が不妊治療を受ける労働者の相談に応じ、「不妊治療支援プラン」を策定し、プランに基づき休暇制度・両立支援制度を合計５日（回）以上労働者に取得または利用させたこと

| 環境整備、休暇の取得等 | 28.5万円（36万円）※ |

＜　②長期休暇の加算　＞

　休暇制度を20日以上連続して取得させ、原職に復帰させ３カ月以上継続勤務させた場合

| 長期休暇の加算 | 1人あたり28.5万円（36万円）※
（5人まで） |

※支給額（　）内は生産性要件を満たした場合の支給額

誰かの我慢や犠牲の上でしか
成立しない働き方にならないよう
活用できる資源は積極的に
活用していきましょう

妊娠中の後輩に対して「腹ボテ」、「トドみたい」、「胸が大きくなった」と言ったらハラスメントだと言われた。身体の変化を言っただけじゃない。

72

||||||||||||||||||||||||||||||||||||||||||||||

　加害や悪意の自覚・意図にかかわらず、相手の容姿に対して発せられた性的な言動で労働者の就業環境が害されたら、セクハラに該当します。

不快感

||||||||||||||||||||||||||||||||||||||||||||||

職場におけるセクシャルハラスメント（セクハラ）：
職場において意に反する性的言動が行われ、性的な言動に対するこの雇用する労働者の対応により、労働条件に不利益を受けたり、就業環境が害されたりすること

　割賦販売会社に勤務していた女性が妊娠でお腹や胸が大きくなったことに対し、男性上司が「腹ボテ」、「胸が大きくなった」等の発言をしました。上司の言動は妊婦に対するセクハラであるとしてけん責処分を受け、このことに対し上司は処分の無効と慰謝料請求等を行った裁判がありました。

　この裁判では「相手に嫌がらせの意図が無かったとしても発言を受けた者が性的な不快感を覚えるのが妥当であると考えられる場合は、相手方の意に反する性的言動すなわちセクハラである」とされました（妊婦セクハラ発言懲戒処分事件、東京地裁、2011年1月18日）。

　自らの発言が相手に不快感を感じさせないか配慮が必要です。

妊娠した労働者から「体力的にツラいので事務仕事メイン
の部門に配置転換してほしい」と申出があったが、そのよ
うな仕事が無く異動は難しい。
軽易な業務を新しくつくり出してあげないとマタハラって
言われてしまうのかな…？

座り仕事メインのところに
異動したいです…

妊娠した労働者

そんな仕事
無いけど…

妊娠中の女性から軽易な業務への申出があった場合、軽易な業務に転換させなければなりません。これは原則として女性が請求した業務に転換させる趣旨ですが、軽易な業務が無い場合に、新たに軽易な業務をつくり出して与える義務まではありません（昭和61.3.20基発第1515号）。

どこまで
配慮？

妊婦の軽易作業転換：
妊娠中の女性が請求した場合には、他の軽易な業務に転換させなければなりません（労働基準法第65条第3項）

　妊娠した女性にとって身体的に負担の大きい作業や職場環境として、以下のようなものが考えられます。
1・重量物を取り扱う作業　継続作業：6～8kg　断続作業：10ｋｇ以上
2・外勤等連続的歩行を強制される作業
3・常時、全身の運動を伴う作業
4・頻繁に階段の昇降を伴う作業
5・腹部を圧迫する等、不自然な姿勢を強要される作業
6・全身の振動を伴う作業
7・休憩が取れない勤務体系
　軽易な業務への転換ができなかったとしても、椅子を置いて休憩を取りやすいようにしたり、勤務時間の短縮や通勤時間の変更等、労働者と話し合って対応できる範囲を定めていきましょう。

「育休中に代替要員を雇用したから、元の仕事に復帰はできない。部署異動が嫌なら辞めてもいいよ」と職場復帰初日に言われた。すごく一方的…。

　休業明けの労働条件は、「原職」または「原職相当職」への復帰が原則とされています。事業主の一方的な減給や配置転換等は不利益取扱に当たります（育児・介護休業法第10条）

職場復帰後の労働条件：
休業明けの労働条件は、特段の定めや明示が無ければ、復帰後は、復帰前と同じ労働条件（①休業後の職制上の地位が休業前より下回っていないこと、②休業前と休業後で職務内容が異なっていないこと、③休業前と休業後とで勤務する事業所が同一であること）となります（育児・介護休業法第22条、育児・介護休業法に関するハラスメント防止指針第2七（一））。

　育児・介護休業法では、休業期間中および休業後の労働条件（賃金、配置その他の労働条件）について、労働者に周知することが事業主の努力義務となっています。明示の方法は、原則として取得の申出があったときからすみやかに書面で行います（育児・介護休業法第21条、同規則第71条）。

　ですが、職場の状況等によっては原職以外での復帰の選択肢も検討する場合もあります。その場合は本人の希望をきちんと聞き、その希望を考慮した上で、どこに復帰するのが良いか社内で調整していく必要があります。

マタハラは「妊娠した女性労働者」と「その上司・同僚」の関係性の問題でしょ？
会社として「マタハラ無くそう！」って方針立てたとしても、結局は個人の問題だよね。

||||||||||||||||||||||||||||||||||||||||||||||||||||

　事業主自らが行う不利益取扱（就業環境を害する行為を含む）が禁止されるのももちろんですが、上司・同僚がマタハラをしないよう、事業主として防止措置を講じることが義務付けられています。

事業主の責務！

||||||||||||||||||||||||||||||||||||||||||||||||||||

事業主の責務：
事業主は職場における妊娠・出産等に関するハラスメントを行ってはならないことその他職場における妊娠、出産等に関するハラスメントに起因する問題に対するその雇用する労働者と関心を深めるとともに、当該労働者が他の労働者に対する言動に必要な注意を払うよう、研修の実施その他の必要な配慮をするほか、国の講ずる同条第１項の広報活動、啓発活動その他の措置に協力するように努めなければならない（妊娠・出産等に関するハラスメント防止指針３(1)）

　事業主は、妊娠・出産・育児に関する権利・制度を利用しようとする労働者に適切な対応を行い、適切な制度利用や必要な措置を行っていく義務があります。

　また、当該労働者の上司や同僚等が制度利用を阻害したり、妊娠等を理由とした嫌がらせを行うことの無いよう、職場環境を整える法的義務を負います。

　そのためには法律で定められた権利や制度を社内規定の中に正確に反映させること、さらにそれを研修等で周知させ、分かりやすく説明して利用を促進することが必要です。さらに、ハラスメントが起きた場合の相談窓口の整備、迅速かつ適切な対応を行い、二次ハラスメントが起きないよう注意を払う必要があります。

ハラスメントの内容、方針等の明確化と周知、啓発

　事業主は当該労働者が適切な制度利用や必要な措置を受けられ、また当該労働者の上司や同僚が嫌がらせを行うことが無いよう、「法律で定められた権利や制度を社内規定の中に分かりやすく正確に反映させること」が必要です（妊娠・出産等に関するハラスメント防止指針4(1)）。

方針の明確化

事業主

就業規則その他職場における服務規律を定めた文書

「その他の職場における服務規律等を定めた文書」…従業員心得や必携、行動マニュアル等、就業規則の本則ではないものの就業規則の一部をなすもの。

わが社ではマタハラ・パタハラは「しない・させない・許さない」！

「事業主の方針」の明確化

第△条
○○のような言動をしてはならない…

行為者への厳格な対処の方針の明確化

第×条
前条に定める禁止行為に該当する事実が認められた場合は…

対処の内容の規定

ハラスメントの内容・方針等の周知・啓発の仕方

研修・説明会等による周知・啓発

こんな言動は NG!
事業主の方針

こんな言動が
ハラスメントになる
可能性があるよ

自分の言動を
チェックしてみよう！

ハラスメント
相談窓口を
活用しましょう

文書による周知・啓発

　確実に全労働者に周知されるような配布方法を検討しましょう。また、配布するだけではなく、継続的な取組（定期的な説明会・研修会等）も組み合わせて行うことが求められます。

社内報

パンフレット

社内HP

職場の上司からあからさまなマタハラを受けている。
でも職場に相談窓口は無いし、他に相談できる上司もいない。退職するしかないんだろうか…。

妊婦は戦力にならない
職場にいると迷惑！

妊娠を言い訳にして
さぼってる

▷　闘う？
▷　退職する？
▷　相談する？？

いろいろ聞こえてます…

上司

妊娠している労働者

|||||||||||||||||||||||||||||||||||||||

マタハラは受けた本人だけでなく、周囲にも大きな影響をもたらします。平成29年1月に「男女雇用機会均等法」が改正され、企業に「マタニティーハラスメント防止のために必要な措置（マタハラ防止措置）」を取ることが義務付けられています。

|||||||||||||||||||||||||||||||||||||||||||||

ハラスメント防止措置の実施：
事業主は、労働者からの相談に対し、その内容や状況に応じ適切かつ柔軟に対応するために必要な体制の整備として、措置を講じなければならない（妊娠・出産等に関するハラスメント防止指針4(2)）

　マタハラは1人の女性社員に対するハラスメントだけではなく、職場の女性社員全体に対するハラスメントです。職場で妊婦に対するハラスメントが許容されると、「ここの職場で妊娠すると嫌がらせをされる」、「迷惑だと思われる」、「重荷になる」と思い、周囲の女性も妊娠を躊躇したり、もしくは妊娠を理由に離職を選んでしまうことにつながってしまいます。

　マタハラの原因や背景には、妊娠・出産等に対する職場の業務体制や労働時間、制度、雰囲気、意識等があり、その改善が無くては根本的な防止が困難です。事業主は妊娠・出産等を理由に働く時間が制約される人について、業務における配慮や対策、制度づくりをするとともに、サポートする周囲に対しても、理解を求めるとともに過度な負担がかからないよう業務の配慮を行う必要があります。

マタハラについての相談体制の整備

　事業主は、労働者からの相談に対し、その内容や状況に応じ適切かつ柔軟に対応するために必要な体制の整備として、次の措置を講じなければならない（妊娠・出産等に関するハラスメント防止指針４⑵）としています。

　相談への対応のための窓口（以下「相談窓口」）をあらかじめ定め、労働者に周知すること

　（相談窓口をあらかじめ定めていると認められる例）
　　①相談に対応する担当者をあらかじめ定めること
　　②相談に対応するための制度を設けること
　　③外部の機関に相談への対応を委託すること

　相談窓口の担当者が、相談に対し、その内容や状況に応じ適切に対応できるようにすること。また相談窓口においては、被害を受けた労働者が委縮する等して相談を躊躇する例もあること等も踏まえ、相談者の心身の状況や当該言動が行われた際の受け止め等その認識にも配慮しながら、職場における妊娠、出産等に関するハラスメントが現実に生じている場合だけでなく、その発生のおそれがある場合や職場における妊娠、出産等に関するハラスメントに該当するか否か微妙な場合であっても、広く相談に対応し、適切な対応を行うようにすること。

< 　相談窓口の担当者が適切に対応することができるようにしていると
　　認められる例　 >
①相談窓口の担当者が相談を受けた場合、その内容や状況に応じて、相談
　窓口の担当者と人事部門が連携を図ることができる仕組みとすること
②相談窓口の担当者が相談を受けた場合、あらかじめ作成した留意点等を
　記載したマニュアルに基づき対応すること
③相談窓口の担当者に対し、相談を受けた場合の対応についての研修を行
　うこと

マタハラ事例　25

妊娠を理由に「負担の少ない部署への異動」を勧められた。
今の仕事を続けたかったので断ったら、「妊娠を言い訳にしないで、今までと同じように働くならいい」と言われた。自己責任か…。

||||||||||||||||||||||||||||||||||||||||||||||

　労働者には職場において保護されるべき権利があります。ハラスメントによりその権利が侵害されていないかという観点が重要になります。

||||||||||||||||||||||||||||||||||||||||||||||||||

職場における妊娠中の女性労働者等への配慮：
事業主（その者が法人である場合にあってはその役員）は自らも妊娠・出産等に関するハラスメント問題に関する関心と理解を深め、労働者に対する言動に必要な注意を払うように努めなければならないとされています（妊娠・出産等に関するハラスメント防止指針3(1)）

　妊娠、出産、育児、介護に関連して上司や同僚等から投げかけられた言葉が、労働者としての人格権を侵害するものである場合には、加害者に対して「不法行為（民法第709条）」に基づく損害賠償請求、使用者に対して「使用者責任（民法第715条）」ないし「職場環境配慮義務違反による債務不履行責任（民法第415条）」に基づく損害賠償請求が可能となります。

　「職場での労働が原因で何か（流産等）したとしても自己責任」、「（部署異動を拒否するならば）仕事内容の配慮なんてできない」等という発言は、妊娠していることを理由にすることなく、従前以上に勤務に精励するよう求めている印象、ひいては妊娠していることについての業務軽減等の要望をすることは許されないとの認識を与えかねないもので、社会通念上許容される範囲を超えているものであると判断される可能性が高いと思われます。

第3章

パタハラ事例

この章では具体的なパタハラ事例を見ていきます。

育児・介護休業法の改正により今後男性の育休取得が増加していくことが予想されます。それに伴って、パタハラ被害を受ける男性も増える可能性が高くなります。

積極的に職場環境の整備を進めていきましょう。

男性が育休を取った前例がうちの会社では無い。
育休を取りたいと思うけど、男が育休取れるような雰囲気
が無くて、なかなか言い出せない…。

||||||||||||||||||||||||||||||||||||||||||||

改正法では育休取得対象の労働者に対して、事業主は育休制度について説明し、取得するかどうか意向を確認することが義務付けられました（改正育児・介護休業法第21条）。

||||||||||||||||||||||||||||||||||||||||||||

雇用環境整備、個別の周知・意向確認の措置の義務化：
妊娠・出産（本人または配偶者）の申し出をした労働者に対する個別の周知・意向確認の措置（育児・介護休業等に関するハラスメント防止指針第2ロの二）

現行法では、妊娠・出産等の申出をした労働者に対する個別の周知は「努力義務」でした。育児等のための休暇・休業の取得に際し、男性では6割以上が企業からの働きかけが無かったというデータ（厚生労働省委託事業「平成30年度仕事と育児等の両立に関する実態把握のための調査研究事業報告書」（三菱UFJリサーチ＆コンサルティング株式会社）があることから、事業主による個別の働きかけや職場環境の整備を進めることが有効と考えられます。

なかでも特に有効なのが、直属の上司による積極的なアプローチです。部下から配偶者の妊娠の報告を受けたら「おめでとう」の次に「あなたはいつからいつまで育休取るの？」という休業の取得意向の確認を個別に行っていくことが求められます。

改正育児・介護休業法
「雇用環境整備、個別の周知・意向確認の義務化」

本人または配偶者の妊娠・出産等の申出をした労働者に対して、事業主は育児休業制度等に関する事項の周知と休業の取得意向の確認を、個別に行わなければなりません。（取得を控えさせるような形での個別周知と意向確認は認められません）

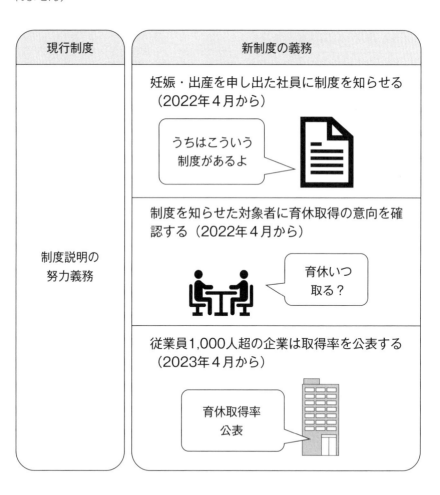

周知事項

・育児休業・産後パパ育休に関する制度
・育児休業・産後パパ育休の申し出先
・育児休業給付に関すること
・労働者が育児休業・産後パパ育休期間について負担すべき社会保険料の
　取扱

個別周知・意向確認の方法

①面談　②書面交付　③FAX　④電子メール等のいずれか

妻が妊娠したため、出産前後1カ月ほどの育休を上司に相談したが、「男の育休は制度上は取れるけど、現実的にはありえない」と言われた。そう言われるともう何とも言えない…。

|||||||||||||||||||||||||||||||||||||||||||||||

　男性労働者が制度の利用を請求したところ、
上司が個人的に請求を取り下げるように言うこ
とは、パタハラに該当します。

|||||||||||||||||||||||||||||||||||||||||||||||

制度等の利用への嫌がらせ型：
制度等の利用の請求等または制度等の利用を
阻害するもの

　上司が個人的に請求を取り下げるように言うことは「ハラスメント」です
が、事業主として請求等を取り下げさせる（制度等の利用を認めない）場合
については、そもそも制度等の利用ができる旨規定している各法に違反する
ことになります。
　改正育児・介護休業法において、今回新たに「職場環境整備の措置」が事
業主に義務付けられました（第22条第1項）。事業主は労働者が円滑に休業
を取得できるよう、雇用環境の整備を行い、労働者においても、円滑な引継
ぎ等のためには労働者の意向に応じて早めに申し出ることが効果的であると
いう認識を持つことが求められています（育児・介護休業等に関するハラス
メント防止指針第2・1・(3)ロ）。

育児休業を取得しやすい雇用環境の整備に関する措置

**出生時育児休業申出が円滑に行われるようにするための
雇用環境整備の措置**

（改正育児・介護休業法第22条、育児・介護休業等に関するハラスメント
防止指針第2六の二）

　以下の措置のうち、可能な限り複数の措置を講じることが望ましいとされて
います。

①育児休業に関する 研修の実施	②育児休業に関する 相談体制の整備

育休とは

相談体制の整備

③育児休業の取得に関する 事例の収集・提供	④育児休業に関する制度 および方針の周知

こんな前例
ありますよ！

事例

制度・方針

周知

⑤育児休業取得が円滑に行われるようにするための
業務の配分または人員の配置に係る必要な措置

代替要員

代替労働者も含めた事業所全体の
人員配置、業務の再分配、人事ロー
テーションといった、業務を円滑
に処理する方策等

○○さん、人がいなくて忙しいこの時期に仕事放り出して育休取るんですって。
責任感あって仕事できる人だと思ってたのにがっかり。無責任すぎじゃない？

|||||||||||||||||||||||||||||||||||||||||||||||||

　ハラスメント対策は当事者だけでなく、全労働者に確実に周知し理解を深めていくことが重要です。

|||||||||||||||||||||||||||||||||||||||||||||||||

パタハラの原因・背景①：
事業主は職場における育児休業等に関するハラスメントの原因や背景となる要因を解決するための措置を講ずる責務があります（育児・介護休業等に関するハラスメント防止指針第二十四（二）イ（三）イ・ニ）

　パタハラを含む「職場における育児休業等に関するハラスメント」では、育児休業等の制度の存在そのものが労働者に十分に認識されておらず、制度に対する誤った思い込みが原因でハラスメントが起きてしまうことがあります。

　特に「男は社会に出て働き、女は家庭を守るべき」という固定観念が未だ根強く残る中、その風土を変えることはなかなか容易ではなく、男性の育児参加に対して違和感や不快感・抵抗感を示す労働者が一定数存在します。この目に見えない固定観念がパタハラの原因の１つとなっています。

　仕事と育児を両立しやすい職場風土づくりとして「会社の方針の明確化やトップからのメッセージ発信」、「仕事と育児の両立に関する研修の実施」、「面談等、制度利用者と管理職のコミュニケーション支援」等の対策を積極的に行っていくことが重要となります。

マタハラ・パタハラの原因となる要因

職場のマタハラ・パタハラ防止の効果を高めるためには、発生の原因や背景について労働者の理解を深めることが重要です。

1カ月も育休取るなよ！
だから女の上司なんか
嫌だったんだ！

この時期に育休なんて
あり得ないだろ…

マタハラ・パタハラの
原因となる要因①
**働き方についての
価値観の違い**

・時間的制約があることに対して
　否定的な評価が職場内にある
　（長時間労働できない＝能力が
　低い）
・「男は仕事、女は家庭を守る」と
　いった性別役割分担意識が強い

マタハラ・パタハラの
原因となる要因②
**制度等の利用ができることの職場
における周知が不十分**

・妊娠、出産、育児、介護に関す
　る社内規定が無い
　または周知されていない
・制度等の利用に関して否定的な
　職場風土

マタハラ・パタハラの原因や背景となる
要因解消のために行うこと

<1・事業所の対策>

　業務体制の整備等、事業主や制度等の利用を行うその他の労働者の実情に応じ、必要な措置を講ずること

「制度・方針」
の策定

周知

<2・労働者への対策>

　制度等の利用の対象となる労働者に対し、労働者の側においても、制度等の利用ができるという知識を持つこと、周囲と円滑なコミュニケーションを図りながら自身の制度の利用状況等に応じて適切に業務を遂行していくという意識を持つこと等を周知・啓発することが望ましい

知識と常識のアップデートを皆で！！

以前自分の直属の上司が育休を1カ月取った時、人手不足で現場が修羅場になったことを思い出すと、なかなか育休取得を言い出せない…。

||||||||||||||||||||||||||||||||||||||||||||

　男性育休を視野に入れた労務管理を積極的に
行っていく必要があります。人員配置だけでな
く、日ごろから仕事の進め方、必要度等を見直
して、仕事の効率化を図っていきましょう。

||||||||||||||||||||||||||||||||||||||||||||

パタハラの原因・背景②：
事業主は職場における育児休業等に関するハ
ラスメントの原因や背景となる要因を解決す
るための措置を講ずる責務があります（育児・
介護休業等に関するハラスメント防止指針
第２十四（三）二）

　女性社員の採用では、ある程度妊娠・出産を想定した人員配置が見られる
ものの、男性社員の場合は働き続けることを前提とした配置が考えられてい
る場合が多く、「代替要員の確保」が難しい場合があります。そのため、「自
分が休むと仕事が回らなくなってしまう」、「他のメンバーに迷惑がかかる」
という理由で育休取得を断念してしまうケースが多く見られています。
　育休取得は労働者の権利で、人材の配置はマネジメントが配慮すべきこと
であるとは分かるのだけれども、現実には現場にしわ寄せがいってしまう→
不満が制度を利用した社員へ向かう→パタハラへとつながる危険性がありま
す。
　男性育休を視野に入れた、職場の多様なニーズに対応できる体制づくりを
積極的に行っていきましょう。

中小企業両立支援助成金　代替要員確保コース（令和３年度）

　働きながら子の養育を行う労働者の雇用の継続を図るため、両立支援制度を行った事業主に対して支給される助成金制度があります。

　育児休業取得者が、育児休業終了後、原職等に復帰する旨の取扱を就業規則等に規定し、休業取得者の代替要員を確保し、かつ休業取得者を原職等に復帰させた場合に支給となります。

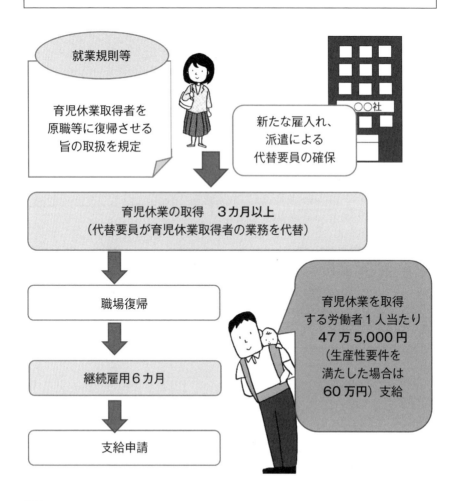

代替要員確保時　次のすべての要件に該当する中小企業の事業主が対象となります（厚生労働省「両立支援等助成金について」）

チェック項目（下線部については、以下の「解説」を参照して下さい。）	チェック欄
①　中小企業事業主である。	
②　育休復帰支援プランにより、労働者の円滑な育児休業の取得及び職場復帰を支援する措置を実施する旨を、申請予定の労働者の育児休業（産後休業の終了後引き続き育児休業をする場合には、産後休業）を開始する日の前日までに規定し、労働者へ周知している。	
③　雇用保険の被保険者として雇用している育児休業取得予定者またはその配偶者の妊娠の事実について把握後、育児休業取得予定者の上司または人事労務担当者と育児休業取得予定者が面談を実施し、結果について記録している。（注）	
④　育児休業取得者のための育休復帰支援プランを作成している。（注）	
⑤　④で作成した育休復帰支援プランに基づき、育児休業取得予定者の育児休業（産後休業の終了後引き続き育児休業をする場合には、産後休業）を開始する日の前日までに業務の引き継ぎを実施させている。（注）	
⑥　雇用保険の被保険者として雇用している、③～⑤の該当者に、3か月以上の育児休業（産後休業の終了後引き続き育児休業をする場合には、産後休業を含む）を取得させている。	
⑦　⑥の該当者を、育児休業（産後休業の終了後引き続き育児休業をする場合には、産後休業）を開始する日において、雇用保険の被保険者として雇用している。	
⑧　育児・介護休業法第2条第1号に規定する育児休業の制度及び育児のための短時間勤務制度について、労働協約または就業規則に規定している。	
⑨　次世代育成支援対策推進法に基づく一般事業主行動計画を策定し、その旨を都道府県労働局長に届け出ている。また、その一般事業主行動計画を公表し、労働者に周知させるための措置を講じている。 ※次世代育成支援対策推進法第15条の2に基づく認定を受けた事業主を除く	

（注）対象育児休業取得者がすでに産前休業中の場合、産前休業の開始日以降に③～⑤を実施した場合は、支給対象となりません。また、育休復帰プランによらずにすでに引継ぎを終えている場合も支給対象外となります。

「育児休業を取ったら今後のキャリアに支障が出ないか心配で、制度を利用するかどうか悩んでいる」と部下から相談があった。
いやいや…他の人が頑張ってる時に休むんだからそれなりのペナルティーがあるに決まってるでしょ。

||||||||||||||||||||||||||||||||||||||||||

育児休業の申出や取得を理由に昇進・昇給させないのはハラスメントに当たります（育児・介護休業法第 10 条）。

||||||||||||||||||||||||||||||||||||||||||||||

パタハラの原因・背景③：
キャリア形成において不利になる懸念（育児・介護休業等に関するハラスメント防止指針第２十四（一）二（ロ）①）

　パタハラを引き起こす原因の１つに「時間や場所の制約無く働けない男性に対する制裁は仕方がない」とする考え方があります。仕事が波に乗り、キャリアアップが目の前に具体的に迫る子育て世代において「仕事より家庭を取った」、「プライベートなことで制約があり、職場に 100％ コミットできない」ことがマイナスに評価されて、昇進等に影響が出るとしたら、制度取得に大きなブレーキがかかります。

　キャリアへの懸念を払拭するキーパーソンとなるのは職場の管理職です。「イクボス」（部下の育休取得や短時間勤務等があっても、業務を滞りなく進めるために業務効率を上げ、育児と仕事を両立できるように配慮し、自らも仕事とプライベートを充実させている管理職）を目指しましょう。

「イクボス」によるマネジメントのメリット

・育児・介護等、様々な事情を抱えるチームメンバーが、それぞれ持てる能力を最大限発揮できる組織に！

・急にチームの人員が欠けてもフォローできる意識・体制に！

・効率的な働き方が浸透し、組織全体の業務効率が向上！

・「お互いさま」の気持ちの共有により多様な働き方を認め合う職場風土ができる、ハラスメントの発生しにくい組織になる！

・従業員の多様な事情に配慮した制度の導入、取組実施により離職率が低下する！

・部下を尊重し、自分自身のワークライフバランスも充実している上司に対して、求心力が向上！

・社内のコミュニケーションが良好に！

・会社に対する満足度・帰属意識向上！

1・理解
現代の子育て事情を理解し、部下がライフ（育児）に時間を割くことに、理解を示していること

2・ダイバーシティ
ライフに時間を割いている部下を差別（冷遇）せず、ダイバーシティな経営をしていること

3・知識
ライフのための社内制度や法律を知っていること

4・組織浸透
管轄している組織全体に、ライフを軽視せず積極的に時間を割くことを推奨し広めていること

5・配慮
家族を伴う転勤や単身赴任等、部下のライフに大きく影響を及ぼす人事については、最大限の配慮をしていること

6・業務
育休取得者等が出ても、組織内の業務が滞りなく進むために、組織内の情報共有を作り、チームワークの醸成、モバイルやクラウド化等、可能な手段を講じていること

7・時間捻出
会議の削減・書類の削減・意思決定の迅速化・裁量型体制等を進めていること

イクボス
10の実践
まずはここから始めてみましょう

8・提言
ボスから見た上司や人事部等に対して、部下のライフを重視した経営をするよう提言していること

9・有言実行
イクボスのいる組織や企業は業績も向上するということを実証し、社会に広める努力をしていること

10・隗より始めよ
ボス自ら、ワークライフバランスを重視し、人生を楽しんでいること

NPO法人ファザーリング・ジャパン「イクボスプロジェクト」を基に筆者が作成

育児はお金がかかるでしょ？
夫が休んだら収入が減ってしまうんだから、休業なんかし
ないでもっと気合いれて働くべきだと思うんだけど。

子どもができたのなら
今まで以上に働かないとな！
割りの良い仕事
ガンガン振ってやるよ
まかせとけ！！

Ok!!

あの…育休とか…

||||||||||||||||||||||||||||||||||||||||||||||

　育児休業のメリット、デメリットがそれぞれ
あります。ですがそれを選択するのは各労働者
です。一方的な価値観の押し付けはハラスメン
トの芽となるため、注意が必要です。

||||||||||||||||||||||||||||||||||||||||||||||||||||||

パタハラの原因・背景：
男性の大黒柱バイアス

　高度経済成長期の間、日本では男性は長時間働き、女性は家で家事や育児
を担うというライフスタイルが効率的とされましたが、今は共働き世帯が主
流となっています。それでもなお「男性は一家の大黒柱でなければならない」
とする意識が根強く見られます。

　周囲の人だけでなく、育休取得を躊躇する男性自身も「男らしさ」の無意
識なバイアスを持っていて、育休を取ることに罪悪感を感じていることもあ
ります。

　休業中は収入が減りますが、育児休業中は「育児休業給付金」が支給され
ます。初めの半年間は給与の67％、それ以降は50％の給付です。給付金は
所得税、社会保険料、雇用保険料が免除されるので手取り金額は休業前の約
8割ほどになります。

　「仕事」、「家事」、「育児」のペース配分は家庭それぞれであることに留意し
ましょう。

私の産後に夫が育休を取ったら、夫のご飯もつくらないと
いけないし、目の前でゲームばかりされると思う。
イライラするから仕事に行ってくれた方が良いな…。

　育休の活用法、夫に期待することについてきちんと話し合い、「新しい父親像」を確立させ、質の高い育休を目指しましょう。

取るだけ育休：
育休を取得したものの育児や家事を行わず、ただ休暇を取っただけの育休

　ママ向けアプリ「ママリ」を提供するコネヒト株式会社が、夫（パートナー）が育休を取得したママ 508 名に対して行った調査によると、育休を取得した夫（パートナー）の家事および育児にかける時間は、1日当たり1時間以下が 17.7%、1時間超2時間以下が 14.6%、2時間超3時間以下の 15.2% で、合わせると約半数が3時間以下だったというデータがあります。

　育「休」という名称ですが、自分の休息や余暇の時間のための「お休み」ではありません。夫婦でしたいこと、夫に期待するフォローの内容についてきちんと話し合わないと、「何もすることがない」男性にとってはただの連休になってしまう可能性があります。

　また、その認識が「男に育休は必要無い」、「男が休んでもやることは無い」というパタハラ言動につながる可能性がありますので、注意が必要です。

育休中に会社から「人が足りないから1日だけ出勤してほしい」との連絡が入った。
その日は無理だったので断ったら、育休明けに「会社の仲間を助け合うことのできない自分勝手な人間は評価しない」と査定を下げられた。
え？休暇中のことなのに？？

夫・育児休暇中

出勤

・協調性無し！
・正規職員としての責務を
　果たしておらず！

人事評価↓↓

人事部長

||||||||||||||||||||||||||||||||||||||||||||||||||

　出生時育児休業中の期間内は一定条件の下、就労が認められています。

　ただし、出生時育児休業中の就業を申出・同意しなかったこと等を理由とする不利益取扱も禁止されています。

君でないとできない案件だから！

休んでる場合じゃない！会社つぶれちゃうよ！

|||||||||||||||||||||||||||||||||||||||||||||||||||||

出生時育児休業中の就労の扱い：
①恒常的・定期的に就労する場合は、育児休業と認められない
②一時的・臨時的に就業することは可
（改正育児・介護休業法第９条の５）

　育児・介護休業法上の育児休業は、子の養育を行うために、休業期間中の労務提供義務を消滅させる制度であり、休業期間中に就労することは想定されていません。

　ですが、改正法では出生時育児休業においては、労使協定を締結し、労働者の申出により、労働者の同意を得た上で行う等、一定条件の下では就労を認めるとしています。

　これは、労働者が自ら事業主の求めに応じ、合意することが必要です。事業主の一方的な指示により就労させることはできません。育児中の就労を断ったことで不利益な取扱をすることはパタハラとなります（育児・介護休業等に関するハラスメント防止指針第２十四（一）ニ（イ）①）。

　今回の改正では出生時育児休業に限り、就労に対する処理基準が緩和されました（改正育介法第９条の５第２項〜第５項）。労働者の意に反したものとならない仕組みとするために、以下のような条件を定めています。

①労使協定を締結する

②労働者が就業しても良い場合は事業主にその条件（就労しても良い日時・上限日数・時間数）を申出

この日なら
OK！

・休業期間中の所定労働日・所定労働時間の半分

・作業開始・終了予定日を終業日とする場合は当該日の所定労働時間数未満

③事業主は、労働者が申し出た条件の範囲内で候補日、時間を提示

この日仕事
お願い！

就労は月10日
（10日を超える場合は80時間）まで

④労働者が同意した範囲で就業

休業開始後は、配偶者の疾病等やそれに準ずる心身の状態の悪化等の特別な事情がある場合には、同意の撤回が可能

　人手不足で、かつ急な人員補充が難しかったり、本人以外に引継ぎが難しい仕事を受け持っている場合は、完全に休業することはハードルが高い場合があります。

　その際には「半育休（育休を取りながら、決められた時間内で仕事をする働き方）」という選択肢もあります（**出生時育児休業中のみ。育児休業中は原則就業不可**）。属人性の低い業務を優先的に引き継ぎ、どうしても本人しかできない業務は育休中も本人が担当するというやり方で、周囲の負担はかなり軽減されます。

　時間の制限はありますが、その中で「突発的な困った時に対応する」という働き方や「短時間だけで対応できる仕事を受け持つ」という働き方等ができます。

　ただし、あくまで「育休」であり、休業が主です。

　育児に支障が無いよう、職場・家庭と調整してできる範囲の業務を行うことが重要です。

パタハラ事例　9

入社して半年のパート社員だけど、妻が妊娠したため育休
申請をしたらものすごく陰口をたたかれた。
やっぱり辞めた方が良かったのかな…。

パート社員

「入って１年も経ってない」
しかも「男」の「パートさん」が
育休希望だって！
常識無さすぎじゃない？？

うち大手だから
福利厚生良いと思って
食いものにするために
入ってきたんじゃなーい？

同僚

||||||||||||||||||||||||||||||||||||||||||||||

　有期雇用労働者の育児休業・介護休業の取得要件が緩和されました（令和4年4月1日施行）。

　制度の利用を妨げたり嫌がらせを行うのは就業形態にかかわらず、ハラスメントに該当します。

正社員の
特権！

||||||||||||||||||||||||||||||||||||||||||||||||||

有期雇用労働者の育児休業の取得要件：
その養育する子が1歳6カ月に達するまでに、その労働契約（労働契約が更新される場合にあっては、更新後のもの）が満了することが明らかではないこと

　現行法では有期雇用労働者の育児休業の取得要件には「当該事業主に引き続き雇用された期間が1年以上であること」（現行育児・介護休業法第5条第1項、第11条第1項）も条件でしたが、こちらが撤廃され、「1歳6カ月までの間に契約が満了することが明らかでないこと」のみとなりました。これは無期雇用労働者も同様の取扱となります（引き続き雇用された期間が1年未満の労働者は労使協定の締結により除外可となります）。

　育児休業給付についても同様に緩和となります。

　「権利・制度」についての知識は、適宜アップデートをして社内で周知していくことが必要です。

うちの会社は男性の育休取得率100％！
確かに育休は取れるけど、平均日数が2〜3日で、それ以上は取りづらい雰囲気がある。
「育休取れてる」から…これはハラスメントではない？

会社のキャッチコピー

男性育休 100％！
子育て世代に魅力的な会社！

あれ？何か
話と違う…

モヤッ

実際の職場

1カ月の育休？ムリムリ！
皆週末に2日くらい
取ってるよ

1カ月も取ったら
次の査定に響くよ

上司

||||||||||||||||||||||||||||||||||||||

　育休を「取る」ことが目的ではなく、育休を取得することで何を実現したいのかを労働者・事業主ともに話し合う必要性があります。

　そのために必要な育児・介護に関する制度等を利用したことにより、不利益な取扱を示唆することはハラスメントとなります。

||||||||||||||||||||||||||||||||||||||||||||

数日でも
休み取れるだけ
感謝してよ

育休取得の目的：
①子育て支援（出産・育児を理由とする働きづらさの緩和・解消につながっているか？）
②女性活躍推進につながっているか？

　男性の場合、育児休業の日数は原則として、出産当日～子どもの1歳の誕生日前日までの最長1年となります。育休期間は「パパ休暇」や「パパ・ママ育休プラス」を利用すれば条件付きで延長できます。

　育休取得期間は、女性の9割近くが6カ月以上となっている一方、男性は5日未満が56.9%、8割以上が1カ月未満となっています（「男性の育児休業の取得状況と取得促進のための取組について」令和元年7月3日厚生労働省雇用環境・均等局　職業生活両立課）。

　男性育休は何を実現するために必要なのかをしっかりと考え、育休取得率の先を見据えた取組を行っていくことが必要です。

妊娠・出産・育児休業・介護休業等に関する ハラスメントの相談窓口

　ハラスメントは個人の問題ではなく、会社の問題です。ハラスメントを受けた場合は、まず会社の相談窓口担当者や信頼できる上司等に相談しましょう。

　社内に相談相手がいない時も、1人で悩まず、都道府県労働局等外部の機関に相談しましょう。

厚生労働省雇用均等室（都道府県労働局）

北海道	011-709-2715	東 京	03-3512-1611	滋 賀	077-523-1190	香 川	087-811-8924
青 森	017-734-4211	神奈川	045-211-7380	京 都	075-241-0504	愛 媛	089-935-5222
岩 手	019-604-3010	新 潟	025-288-3511	大 阪	06-6941-8940	高 知	088-885-6041
宮 城	022-299-8844	富 山	076-432-2740	兵 庫	078-367-0820	福 岡	092-411-4894
秋 田	018-862-6684	石 川	076-265-4429	奈 良	0742-32-0210	佐 賀	0952-32-7218
山 形	023-624-8228	福 井	0776-22-3947	和歌山	073-488-1170	長 崎	095-801-0050
福 島	024-536-4609	山 梨	055-225-2859	鳥 取	0857-29-1709	熊 本	096-352-3865
茨 城	029-224-6288	長 野	026-227-0125	島 根	0852-31-1161	大 分	097-532-4025
栃 木	028-633-2795	岐 阜	058-245-1550	岡 山	086-224-7639	宮 崎	0985-38-8827
群 馬	027-210-5009	静 岡	054-252-5310	広 島	082-221-9247	鹿児島	099-222-8446
埼 玉	048-600-6210	愛 知	052-219-5509	山 口	083-995-0390	沖 縄	098-868-4380
千 葉	043-221-2307	三 重	059-226-2318	徳 島	088-652-2718		

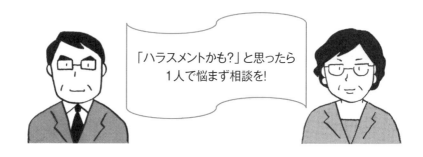

「ハラスメントかも？」と思ったら
1人で悩まず相談を!

参考資料

妊娠・出産等に関するハラスメント防止指針
&
育児・介護休業等に関する
ハラスメント防止指針

○事業主が職場における妊娠・出産等に関する言動に起因する問題に関して雇用管理上講ずべき措置等についての指針（平成28年8月2日厚生労働省告示第312号、改正令和2年1月15日厚生労働省告示第6号）【令和2年6月1日適用】

1　はじめに
　この指針は、雇用の分野における男女の均等な機会及び待遇の確保等に関する法律（昭和47年法律第113号。以下「法」という。）第11条の3第1項及び第2項に規定する事業主が職場において行われるその雇用する女性労働者に対する当該女性労働者が妊娠したこと、出産したことその他の妊娠又は出産に関する事由であって雇用の分野における男女の均等な機会及び待遇の確保等に関する法律施行規則（昭和61年労働省令第2号。以下「均等則」という。）第2条の3で定めるもの（以下「妊娠、出産等」という。）に関する言動により当該女性労働者の就業環境が害されること（以下「職場における妊娠、出産等に関するハラスメント」という。）のないよう雇用管理上講ずべき措置等について、法第11条の3第3項の規定に基づき事業主が適切かつ有効な実施を図るために必要な事項について定めたものである。

2　職場における妊娠、出産等に関するハラスメントの内容
⑴職場における妊娠、出産等に関するハラスメントには、上司又は同僚から行われる以下のものがある。なお、業務分担や安全配慮等の観点から、客観的にみて、業務上の必要性に基づく言動によるものについては、職場における妊娠、出産等に関するハラスメントには該当しない。
　　イ　その雇用する女性労働者の労働基準法（昭和22年法律第49号）第65条第1項の規定による休業その他の妊娠又は出産に関する制度又は措置の利用に関する言動により就業環境が害されるもの（以下「制度等の利用への嫌がらせ型」という。
　　ロ　その雇用する女性労働者が妊娠したこと、出産したことその他の妊娠又は出産に関する言動により就業環境が害されるもの（以下「状態への嫌がらせ型」という。）
⑵「職場」とは、事業主が雇用する女性労働者が業務を遂行する場所を指し、当該女性労働者が通常就業している場所以外の場所であっても、当該女性労働者が業務を遂行する場所については、「職場」に含まれる。
⑶「労働者」とは、いわゆる正規雇用労働者のみならず、パートタイム労働者、契約社員等いわゆる非正規雇用労働者を含む事業主が雇用する労働者の全てをいう。また、派遣労働者については、派遣元事業主のみならず、労働者派遣の役務の提

供を受ける者についても、労働者派遣事業の適正な運営の確保及び派遣労働者の保護等に関する法律（昭和60年法律第88号）第47条の2の規定により、その指揮命令の下に労働させる派遣労働者を雇用する事業主とみなされ、法第11条の3第1項及び第11条の4第2項の規定が適用されることから、労働者派遣の役務の提供を受ける者は、派遣労働者についてもその雇用する労働者と同様に、3(1)の配慮及び4の措置を講ずることが必要である。なお、法第11条の3第2項、第17条第2項及び第18条第2項の労働者に対する不利益な取扱いの禁止については、派遣労働者も対象に含まれるものであり、派遣元事業主のみならず、労働者派遣の役務の提供を受ける者もまた、当該者に派遣労働者が職場における妊娠・出産等に関するハラスメントの相談を行ったこと等を理由として、当該派遣労働者に係る労働者派遣の役務の提供を拒む等、当該派遣労働者に対する不利益な取扱いを行ってはならない。

(4)「制度等の利用への嫌がらせ型」とは、具体的には、イ①から⑥までに掲げる制度又は措置（以下「制度等」という。）の利用に関する言動により就業環境が害されるものである。典型的な例として、ロに掲げるものがあるが、ロに掲げるものは限定列挙ではないことに留意が必要である。

イ　制度等
①妊娠中及び出産後の健康管理に関する措置（母性健康管理措置）（均等則第2条の3第3号関係）
②坑内業務の就業制限及び危険有害業務の就業制限（均等則第2条の3第4号関係）
③産前休業（均等則第2条の3第5号関係）
④軽易な業務への転換（均等則第2条の3第6号関係）
⑤変形労働時間制がとられる場合における法定労働時間を超える労働時間の制限、時間外労働及び休日労働の制限並びに深夜業の制限（均等則第2条の3第7号関係）
⑥育児時間（均等則第2条の3第8号関係）

ロ　典型的な例
①解雇その他不利益な取扱い（法第9条第3項に規定する解雇その他不利益な取扱いをいう。以下同じ。）を示唆するもの
　女性労働者が、制度等の利用の請求等（措置の求め、請求又は申出をいう。以下同じ。）をしたい旨を上司に相談したこと、制度等の利用の請求等をしたこと、又は制度等の利用をしたことにより、上司が当該女性労働者に対し、解雇その他不利益な取扱いを示唆すること。

②制度等の利用の請求等又は制度等の利用を阻害するもの

　客観的にみて、言動を受けた女性労働者の制度等の利用の請求等又は制度等の利用が阻害されるものが該当する。

(イ)女性労働者が制度等の利用の請求等をしたい旨を上司に相談したところ、上司が当該女性労働者に対し、当該請求等をしないよう言うこと。

(ロ)女性労働者が制度等の利用の請求等をしたところ、上司が当該女性労働者に対し、当該請求等を取り下げるよう言うこと。

(ハ)女性労働者が制度等の利用の請求等をしたい旨を同僚に伝えたところ、同僚が当該女性労働者に対し、繰り返し又は継続的に当該請求等をしないよう言うこと（当該女性労働者がその意に反することを当該同僚に明示しているにもかかわらず、更に言うことを含む。）。

(ニ)女性労働者が制度等の利用の請求等をしたところ、同僚が当該女性労働者に対し、繰り返し又は継続的に当該請求等を取り下げるよう言うこと（当該女性労働者がその意に反することを当該同僚に明示しているにもかかわらず、更に言うことを含む。）。

③制度等の利用をしたことにより嫌がらせ等をするもの

　客観的にみて、言動を受けた女性労働者の能力の発揮や継続就業に重大な悪影響が生じる等当該女性労働者が就業する上で看過できない程度の支障が生じるようなものが該当する。

　女性労働者が制度等の利用をしたことにより、上司又は同僚が当該女性労働者に対し、繰り返し又は継続的に嫌がらせ等（嫌がらせ的な言動、業務に従事させないこと又は専ら雑務に従事させることをいう。以下同じ。）をすること（当該女性労働者がその意に反することを当該上司又は同僚に明示しているにもかかわらず、更に言うことを含む。）。

(5)「状態への嫌がらせ型」とは、具体的には、イ①から⑤までに掲げる妊娠又は出産に関する事由（以下「妊娠等したこと」という。）に関する言動により就業環境が害されるものである。典型的な例として、ロに掲げるものがあるが、ロに掲げるものは限定列挙ではないことに留意が必要である。

　イ　妊娠又は出産に関する事由

①妊娠したこと（均等則第2条の3第1号関係）。

②出産したこと（均等則第2条の3第2号関係）。

③坑内業務の就業制限若しくは危険有害業務の就業制限の規定により業務に就くことができないこと又はこれらの業務に従事しなかったこと（均等則第2条の3第4号関係）。

④産後の就業制限の規定により就業できず、又は産後休業をしたこと（均等則第２条の３第５号関係）。

⑤妊娠又は出産に起因する症状により労務の提供ができないこと若しくはできなかったこと又は労働能率が低下したこと（均等則第２条の３第９号関係）。

なお、「妊娠又は出産に起因する症状」とは、つわり、妊娠悪阻、切迫流産、出産後の回復不全等、妊娠又は出産をしたことに起因して妊産婦に生じる症状をいう。

ロ　典型的な例

①解雇その他不利益な取扱いを示唆するもの

女性労働者が妊娠等したことにより、上司が当該女性労働者に対し、解雇その他不利益な取扱いを示唆すること。

②妊娠等したことにより嫌がらせ等をするもの

客観的にみて、言動を受けた女性労働者の能力の発揮や継続就業に重大な悪影響が生じる等当該女性労働者が就業する上で看過できない程度の支障が生じるようなものが該当する。

女性労働者が妊娠等したことにより、上司又は同僚が当該女性労働者に対し、繰り返し又は継続的に嫌がらせ等をすること（当該女性労働者がその意に反することを当該上司又は同僚に明示しているにもかかわらず、更に言うことを含む。）。

3　事業主等の責務

⑴事業主の責務

法第11条の４第２項の規定により、事業主は、職場における妊娠、出産等に関するハラスメントを行ってはならないことその他職場における妊娠、出産等に関するハラスメントに起因する問題（以下「妊娠、出産等に関するハラスメント問題」という。）に対するその雇用する労働者の関心と理解を深めるとともに、当該労働者が他の労働者（他の事業主が雇用する労働者及び求職者を含む。⑵において同じ。）に対する言動に必要な注意を払うよう、研修の実施その他の必要な配慮をするほか、国の講ずる同条第１項の広報活動、啓発活動その他の措置に協力するように努めなければならない。なお、職場における妊娠、出産等に関するハラスメントに起因する問題としては、例えば、労働者の意欲の低下などによる職場環境の悪化や職場全体の生産性の低下、労働者の健康状態の悪化、休職や退職などにつながり得ること、これらに伴う経営的な損失等が考えられる。

また、事業主（その者が法人である場合にあっては、その役員）は、自らも、妊

娠、出産等に関するハラスメント問題に対する関心と理解を深め、労働者（他の事業主が雇用する労働者及び求職者を含む。）に対する言動に必要な注意を払うように努めなければならない。

(2)労働者の責務

　法第11条の4第4項の規定により、労働者は、妊娠、出産等に関するハラスメント問題に対する関心と理解を深め、他の労働者に対する言動に必要な注意を払うとともに、事業主の講ずる4の措置に協力するように努めなければならない。

4　事業主が職場における妊娠、出産等に関する言動に起因する問題に関し雇用管理上講ずべき措置の内容

　事業主は、職場における妊娠、出産等に関するハラスメントを防止するため、雇用管理上次の措置を講じなければならない。なお、事業主が行う妊娠、出産等を理由とする不利益取扱い（就業環境を害する行為を含む。）については、既に法第9条第3項で禁止されており、こうした不利益取扱いを行わないため、当然に自らの行為の防止に努めることが求められる。

　(1)事業主の方針等の明確化及びその周知・啓発

　　事業主は、職場における妊娠、出産等に関するハラスメントに対する方針の明確化、労働者に対するその方針の周知・啓発として、次の措置を講じなければならない。

　　なお、周知・啓発をするに当たっては、職場における妊娠、出産等に関するハラスメントの防止の効果を高めるため、その発生の原因や背景について労働者の理解を深めることが重要である。その際、職場における妊娠、出産等に関するハラスメントの発生の原因や背景には、（ⅰ）妊娠、出産等に関する否定的な言動（不妊治療に対する否定的な言動を含め、他の女性労働者の妊娠、出産等の否定につながる言動（当該女性労働者に直接行わない言動も含む。）をいい、単なる自らの意思の表明を除く。以下同じ。）が頻繁に行われるなど制度等の利用又は制度等の利用の請求等をしにくい職場風土や、（ⅱ）制度等の利用ができることの職場における周知が不十分であることなどもあると考えられる。そのため、これらを解消していくことが職場における妊娠、出産等に関するハラスメントの防止の効果を高める上で重要であることに留意することが必要である。

　　イ　職場における妊娠、出産等に関するハラスメントの内容（以下「ハラスメントの内容」という。）及び妊娠、出産等に関する否定的な言動が職場における妊娠、出産等に関するハラスメントの発生の原因や背景となり得る

こと（以下「ハラスメントの背景等」という。）、職場における妊娠、出産等に関するハラスメントを行ってはならない旨の方針（以下「事業主の方針」という。）並びに制度等の利用ができる旨を明確化し、管理監督者を含む労働者に周知・啓発すること。

（事業主の方針等を明確化し、労働者に周知・啓発していると認められる例）

①就業規則その他の職場における服務規律等を定めた文書において、事業主の方針及び制度等の利用ができる旨について規定し、当該規定と併せて、ハラスメントの内容及びハラスメントの背景等を労働者に周知・啓発すること。

②社内報、パンフレット、社内ホームページ等広報又は啓発のための資料等にハラスメントの内容及びハラスメントの背景等、事業主の方針並びに制度等の利用ができる旨について記載し、配布等すること。

③ハラスメントの内容及びハラスメントの背景等、事業主の方針並びに制度等の利用ができる旨を労働者に対して周知・啓発するための研修、講習等を実施すること。

ロ　職場における妊娠、出産等に関するハラスメントに係る言動を行った者については、厳正に対処する旨の方針及び対処の内容を就業規則その他の職場における服務規律等を定めた文書に規定し、管理監督者を含む労働者に周知・啓発すること。

（対処方針を定め、労働者に周知・啓発していると認められる例）

①就業規則その他の職場における服務規律等を定めた文書において、職場における妊娠、出産等に関するハラスメントに係る言動を行った者に対する懲戒規定を定め、その内容を労働者に周知・啓発すること。

②職場における妊娠、出産等に関するハラスメントに係る言動を行った者は、現行の就業規則その他の職場における服務規律等を定めた文書において定められている懲戒規定の適用の対象となる旨を明確化し、これを労働者に周知・啓発すること。

⑵相談（苦情を含む。以下同じ。）に応じ、適切に対応するために必要な体制の整備

事業主は、労働者からの相談に対し、その内容や状況に応じ適切かつ柔軟に対応するために必要な体制の整備として、次の措置を講じなければならない。

イ　相談への対応のための窓口（以下「相談窓口」という。）をあらかじめ定め、労働者に周知すること。

（相談窓口をあらかじめ定めていると認められる例）

　①相談に対応する担当者をあらかじめ定めること。

　②相談に対応するための制度を設けること。

　③外部の機関に相談への対応を委託すること。

ロ　イの相談窓口の担当者が、相談に対し、その内容や状況に応じ適切に対応
　できるようにすること。また、相談窓口においては、被害を受けた労働者が
　萎縮するなどして相談を躊躇する例もあること等も踏まえ、相談者の心身の
　状況や当該言動が行われた際の受け止めなどその認識にも配慮しながら、職
　場における妊娠、出産等に関するハラスメントが現実に生じている場合だけ
　でなく、その発生のおそれがある場合や、職場における妊娠、出産等に関す
　るハラスメントに該当するか否か微妙な場合等であっても、広く相談に対応
　し、適切な対応を行うようにすること。例えば、放置すれば就業環境を害す
　るおそれがある場合や、妊娠、出産等に関する否定的な言動が原因や背景と
　なって職場における妊娠、出産等に関するハラスメントが生じるおそれがあ
　る場合等が考えられる。

　（相談窓口の担当者が適切に対応することができるようにしていると認めら
　れる　例）

　①相談窓口の担当者が相談を受けた場合、その内容や状況に応じて、相談窓
　　口の担当者と人事部門とが連携を図ることができる仕組みとすること。

　②相談窓口の担当者が相談を受けた場合、あらかじめ作成した留意点などを
　　記載したマニュアルに基づき対応すること。

　③相談窓口の担当者に対し、相談を受けた場合の対応についての研修を行う
　　こと。

(3)職場における妊娠、出産等に関するハラスメントに係る事後の迅速かつ適切な
　対応

　　事業主は、職場における妊娠、出産等に関するハラスメントに係る相談の申
　出があった場合において、その事案に係る事実関係の迅速かつ正確な確認及び
　適正な対処として、次の措置を講じなければならない。

イ　事案に係る事実関係を迅速かつ正確に確認すること。

　（事案に係る事実関係を迅速かつ正確に確認していると認められる例）

　①相談窓口の担当者、人事部門又は専門の委員会等が、相談を行った労働者
　　（以下「相談者」という。）及び職場における妊娠、出産等に関するハラス
　　メントに係る言動の行為者とされる者（以下「行為者」という。）の双方か
　　ら事実関係を確認すること。その際、相談者の心身の状況や当該言動が行

　　　われた際の受け止めなどその認識にも適切に配慮すること。

　　　　　また、相談者と行為者との間で事実関係に関する主張に不一致があり、事実の確認が十分にできないと認められる場合には、第三者からも事実関係を聴取する等の措置を講ずること。

　　②事実関係を迅速かつ正確に確認しようとしたが、確認が困難な場合などにおいて、法第 18 条に基づく調停の申請を行うことその他中立な第三者機関に紛争処理を委ねること。

ロ　イにより、職場における妊娠、出産等に関するハラスメントが生じた事実が確認できた場合においては、速やかに被害を受けた労働者（以下「被害者」という。）に対する配慮のための措置を適正に行うこと。

　（措置を適正に行っていると認められる例）

　　①事案の内容や状況に応じ、被害者の職場環境の改善又は迅速な制度等の利用に向けての環境整備、被害者と行為者の間の関係改善に向けての援助、行為者の謝罪、管理監督者又は事業場内産業保健スタッフ等による被害者のメンタルヘルス不調への相談対応等の措置を講ずること。

　　②法第 18 条に基づく調停その他中立な第三者機関の紛争解決案に従った措置を被害者に対して講ずること。

ハ　イにより、職場における妊娠、出産等に関するハラスメントが生じた事実が確認できた場合においては、行為者に対する措置を適正に行うこと。

　（措置を適正に行っていると認められる例）

　　①就業規則その他の職場における服務規律等を定めた文書における職場における妊娠、出産等に関するハラスメントに関する規定等に基づき、行為者に対して必要な懲戒その他の措置を講ずること。あわせて、事案の内容や状況に応じ、被害者と行為者の間の関係改善に向けての援助、行為者の謝罪等の措置を講ずること。

　　②法第 18 条に基づく調停その他中立な第三者機関の紛争解決案に従った措置を行為者に対して講ずること。

ニ　改めて職場における妊娠、出産等に関するハラスメントに関する方針を周知・啓発する等の再発防止に向けた措置を講ずること。

　　　　なお、職場における妊娠、出産等に関するハラスメントが生じた事実が確認できなかった場合においても、同様の措置を講ずること。

　（再発防止に向けた措置を講じていると認められる例）

　　①事業主の方針、制度等の利用ができる旨及び職場における妊娠、出産等に関するハラスメントに係る言動を行った者について厳正に対処する旨の方

針を、社内報、パンフレット、社内ホームページ等広報又は啓発のための資料等に改めて掲載し、配布等すること。

②労働者に対して職場における妊娠、出産等に関するハラスメントに関する意識を啓発するための研修、講習等を改めて実施すること。

(4)職場における妊娠、出産等に関するハラスメントの原因や背景となる要因を解消するための措置

事業主は、職場における妊娠、出産等に関するハラスメントの原因や背景となる要因を解消するため、業務体制の整備など、事業主や妊娠等した労働者その他の労働者の実情に応じ、必要な措置を講じなければならない（派遣労働者にあっては、派遣元事業主に限る。）。

なお、措置を講ずるに当たっては、

(i)職場における妊娠、出産等に関するハラスメントの背景には妊娠、出産等に関する否定的な言動もあるが、当該言動の要因の一つには、妊娠した労働者がつわりなどの体調不良のため労務の提供ができないことや労働能率が低下すること等により、周囲の労働者の業務負担が増大することもあることから、周囲の労働者の業務負担等にも配慮すること

(ii)妊娠等した労働者の側においても、制度等の利用ができるという知識を持つことや、周囲と円滑なコミュニケーションを図りながら自身の体調等に応じて適切に業務を遂行していくという意識を持つことのいずれも重要であることに留意することが必要である（5(2)において同じ。）。

（業務体制の整備など、必要な措置を講じていると認められる例）

①妊娠等した労働者の周囲の労働者への業務の偏りを軽減するよう、適切に業務分担の見直しを行うこと。

②業務の点検を行い、業務の効率化等を行うこと。

(5)(1)から(4)までの措置と併せて講ずべき措置

(1)から(4)までの措置を講ずるに際しては、併せて次の措置を講じなければならない。

イ　職場における妊娠、出産等に関するハラスメントに係る相談者・行為者等の情報は当該相談者・行為者等のプライバシーに属するものであることから、相談への対応又は当該妊娠、出産等に関するハラスメントに係る事後の対応に当たっては、相談者・行為者等のプライバシーを保護するために必要な措置を講ずるとともに、その旨を労働者に対して周知すること。

（相談者・行為者等のプライバシーを保護するために必要な措置を講じていると認められる例）

①相談者・行為者等のプライバシーの保護のために必要な事項をあらかじめマニュアルに定め、相談窓口の担当者が相談を受けた際には、当該マニュアルに基づき対応するものとすること。

②相談者・行為者等のプライバシーの保護のために、相談窓口の担当者に必要な研修を行うこと。

③相談窓口においては相談者・行為者等のプライバシーを保護するために必要な措置を講じていることを、社内報、パンフレット、社内ホームページ等広報又は啓発のための資料等に掲載し、配布等すること。

ロ　法第11条の3第2項、第17条第2項及び第18条第2項の規定を踏まえ、労働者が職場における妊娠、出産等に関するハラスメントに関し相談をしたこと若しくは事実関係の確認等の事業主の雇用管理上講ずべき措置に協力したこと、都道府県労働局に対して相談、紛争解決の援助の求め若しくは調停の申請を行ったこと又は調停の出頭の求めに応じたこと（以下「妊娠・出産等に関するハラスメントの相談等」という。）を理由として、解雇その他不利益な取扱いをされない旨を定め、労働者に周知・啓発すること。

（不利益な取扱いをされない旨を定め、労働者にその周知・啓発することについて措置を講じていると認められる例）

①就業規則その他の職場における服務規律等を定めた文書において、妊娠・出産等に関するハラスメントの相談等を理由として、当該労働者が解雇等の不利益な取扱いをされない旨を規定し、労働者に周知・啓発をすること。

②社内報、パンフレット、社内ホームページ等広報又は啓発のための資料等に、妊娠・出産等に関するハラスメントの相談等を理由として、当該労働者が解雇等の不利益な取扱いをされない旨を記載し、労働者に配布等すること。

5　事業主が職場における妊娠、出産等に関する言動に起因する問題に関し行うことが望ましい取組の内容

事業主は、職場における妊娠・出産等に関するハラスメントを防止するため、4の措置に加え、次の取組を行うことが望ましい。

(1)職場における妊娠、出産等に関するハラスメントは、育児休業等に関するハラスメント（子の養育又は家族の介護を行い、又は行うこととなる労働者の職業生活と家庭生活との両立が図られるようにするために事業主が講ずべき措置等に関する指針（平成21年厚生労働省告示第509号）に規定する「職場における育児休業等に関するハラスメント」をいう。）、セクシュアルハラスメント（事業主が職

場における性的な言動に起因する問題に関して雇用管理上講ずべき措置等についての指針（平成18年厚生労働省告示第615号）に規定する「職場におけるセクシュアルハラスメント」をいう。以下同じ。）、パワーハラスメント（事業主が職場における優越的な関係を背景とした言動に起因する問題に関して雇用管理上講ずべき措置等についての指針（令和2年厚生労働省告示第5号）に規定する「職場におけるパワーハラスメント」をいう。）その他のハラスメントと複合的に生じることも想定されることから、事業主は、例えば、セクシュアルハラスメント等の相談窓口と一体的に、職場における妊娠、出産等に関するハラスメントの相談窓口を設置し、一元的に相談に応じることのできる体制を整備することが望ましい。

（一元的に相談に応じることのできる体制の例）

①相談窓口で受け付けることのできる相談として、職場における妊娠、出産等に関するハラスメントのみならず、セクシュアルハラスメント等も明示すること。

②職場における妊娠、出産等に関するハラスメントの相談窓口がセクシュアルハラスメント等の相談窓口を兼ねること。

⑵事業主は、職場における妊娠、出産等に関するハラスメントの原因や背景となる要因を解消するため、妊娠等した労働者の側においても、制度等の利用ができるという知識を持つことや、周囲と円滑なコミュニケーションを図りながら自身の体調等に応じて適切に業務を遂行していくという意識を持つこと等を、妊娠等した労働者に周知・啓発することが望ましい。

（妊娠等した労働者への周知・啓発の例）

①社内報、パンフレット、社内ホームページ等広報又は啓発のための資料等に、妊娠等した労働者の側においても、制度等の利用ができるという知識を持つことや、周囲と円滑なコミュニケーションを図りながら自身の体調等に応じて適切に業務を遂行していくという意識を持つこと等について記載し、妊娠等した労働者に配布等すること。

②妊娠等した労働者の側においても、制度等の利用ができるという知識を持つことや、周囲と円滑なコミュニケーションを図りながら自身の体調等に応じて適切に業務を遂行していくという意識を持つこと等について、人事部門等から妊娠等した労働者に周知・啓発すること。

⑶事業主は、4の措置を講じる際に、必要に応じて、労働者や労働組合等の参画を得つつ、アンケート調査や意見交換等を実施するなどにより、その運用状況の的確な把握や必要な見直しの検討等に努めることが重要である。なお、労働者や労

働組合等の参画を得る方法として、例えば、労働安全衛生法（昭和 47 年法律第57 号）第 18 条第 1 項に規定する衛生委員会の活用なども考えられる。

6　事業主が自らの雇用する労働者以外の者に対する言動に関し行うことが望ましい取組の内容

3 の事業主及び労働者の責務の趣旨に鑑みれば、事業主は、当該事業主が雇用する労働者が、他の労働者（他の事業主が雇用する労働者及び求職者を含む。）のみならず、個人事業主、インターンシップを行っている者等の労働者以外の者に対する言動についても必要な注意を払うよう配慮するとともに、事業主（その者が法人である場合にあっては、その役員）自らと労働者も、労働者以外の者に対する言動について必要な注意を払うよう努めることが望ましい。

こうした責務の趣旨も踏まえ、事業主は、4 (1) イの職場における妊娠、出産等に関するハラスメントを行ってはならない旨の方針の明確化等を行う際に、当該事業主が雇用する労働者以外の者（他の事業主が雇用する労働者、就職活動中の学生等の求職者及び労働者以外の者）に対する言動についても、同様の方針を併せて示すことが望ましい。

また、これらの者から職場における妊娠、出産等に関するハラスメントに類すると考えられる相談があった場合には、その内容を踏まえて、4 の措置も参考にしつつ、必要に応じて適切な対応を行うように努めることが望ましい。

子の養育又は家族の介護を行い、又は行うこととなる労働者の職業生活と家庭生活との両立が図られるようにするために事業主が講ずべき措置等に関する指針

> 発令　　：平成 21 年 12 月 28 日厚生労働省告示第 509 号
> 最終改正：令和 3 年 9 月 30 日厚生労働省告示第 366 号
> 改正内容：令和 3 年 9 月 30 日厚生労働省告示第 366 号［令和 4 年 10 月 1 日］

○子の養育又は家族の介護を行い、又は行うこととなる労働者の職業生活と家庭生活との両立が図られるようにするために事業主が講ずべき措置等に関する指針

〔平成二十一年十二月二十八日号外厚生労働省告示第五百九号〕

〔平成一六年一二月二八日厚生労働省告示第四六〇号（子の養育又は家族の介護を行い、又は行うこととなる労働者の職業生活と家庭生活との両立が図られるようにするために事業主が講ずべき措置に関する指針）を全文改正〕

育児休業、介護休業等育児又は家族介護を行う労働者の福祉に関する法律（平成三年法律第七十六号）第二十八条の規定に基づき、子の養育又は家族介護を行い、又は行うこととなる労働者の職業生活と家庭生活との両立が図られるようにするために事業主が講ずべき措置に関する指針（平成十六年厚生労働省告示第四百六十号）の全部を次のように改正する。

子の養育又は家族の介護を行い、又は行うこととなる労働者の職業生活と家庭生活との両立が図られるようにするために事業主が講ずべき措置等に関する指針

第一　趣旨

この指針は、育児休業、介護休業等育児又は家族介護を行う労働者の福祉に関する法律（平成三年法律第七十六号。以下「法」という。）に定める事項に関し、子の養育又は家族の介護を行い、又は行うこととなる労働者の職業生活と家庭生活との両立が図られるようにするために事業主が講ずべき措置等について、その適切かつ有効な実施を図るために必要な事項を定めたものである。

第二　事業主が講ずべき措置等の適切かつ有効な実施を図るための指針となるべき事項

一　法第五条、第九条の二及び第十一条の規定による労働者の育児休業申出、出生時育児休業申出及び介護休業申出に関する事項

（一）法第五条第一項ただし書、第九条の二第一項ただし書及び第十一条第一項ただし書に規定する期間を定めて雇用される者に該当するか否かを判断するに当たっての事項

　労働契約の形式上期間を定めて雇用されている者であっても、当該契約が期間の定めのない契約と実質的に異ならない状態となっている場合には、法第五条第一項ただし書、第九条の二第一項ただし書及び第十一条第一項ただし書に定める要件に該当するか否かにかかわらず、実質的に期間の定めのない契約に基づき雇用される労働者であるとして育児休業及び介護休業の対象となるものであるが、その判断に当たっては、次の事項に留意すること。

イ　有期労働契約の雇止めの可否が争われた裁判例における判断の過程においては、主に次に掲げる項目に着目して、契約関係の実態が評価されていること。

　（イ）業務内容の恒常性・臨時性、業務内容についてのいわゆる正規雇用労働者との同一性の有無等労働者の従事する業務の客観的内容

　（ロ）地位の基幹性・臨時性等労働者の契約上の地位の性格

　（ハ）継続雇用を期待させる事業主の言動等当事者の主観的態様

　（ニ）更新の有無・回数、更新の手続の厳格性の程度等更新の手続・実態

　（ホ）同様の地位にある他の労働者の雇止めの有無等他の労働者の更新状況

ロ　有期労働契約の雇止めの可否が争われた裁判例においては、イに掲げる項目に関し、次の（イ）及び（ロ）の実態がある場合には、期間の定めのない契約と実質的に異ならない状態に至っているものであると認められていることが多いこと。

　（イ）イ（イ）に関し、業務内容が恒常的であること、及びイ（ニ）に関し、契約が更新されていること。

　（ロ）（イ）に加え、少なくとも次に掲げる実態のいずれかがみられること。

　　①イ（ハ）に関し、継続雇用を期待させる事業主の言動が認められること。

　　②イ（ニ）に関し、更新の手続が形式的であること。

　　③イ（ホ）に関し、同様の地位にある労働者について過去に雇止めの例がほとんどないこと。

ハ　有期労働契約の雇止めの可否が争われた裁判例においては、イ（イ）に関し、業務内容がいわゆる正規雇用労働者と同一であると認められること、又は、イ（ロ）に関し、労働者の地位の基幹性が認められることは、期間の定めのない契約と実質的に異ならない状態に至っているものであると認められる方向に働いているものと考えられること。

（二）期間を定めて雇用される者が法第五条第一項ただし書、第九条の二第一項ただし書及び第十一条第一項ただし書に定める要件を満たす労働者か否かの判断に当たっては、次の事項に留意すること。

イ　法第五条第一項ただし書の「その養育する子が一歳六か月に達する日まで
　　に、その労働契約（労働契約が更新される場合にあっては、更新後のもの。
　　第三項及び第十一条第一項において同じ。）が満了することが明らか」か否か
　　については、育児休業申出のあった時点において判明している事情に基づき
　　子が一歳六か月に達する日において、当該申出の時点で締結している労働契
　　約が終了し、かつ、その後労働契約の更新がないことが確実であるか否かに
　　よって判断するものであること。例えば、育児休業申出のあった時点で次の
　　いずれかに該当する労働者は、原則として、労働契約の更新がないことが確
　　実であると判断される場合に該当すること。ただし、次のいずれかに該当す
　　る労働者であっても、雇用の継続の見込みに関する事業主の言動、同様の地
　　位にある他の労働者の状況及び当該労働者の過去の契約の更新状況等から、
　　労働契約の更新がないことが確実であると判断される場合に該当しないもの
　　と判断され、育児休業の取得に係る法第五条第一項ただし書に定める要件を
　　満たすものと判断される場合もあること。
　　(イ)書面又は口頭により労働契約の更新回数の上限が明示されている労働者
　　　　であって、当該上限まで労働契約が更新された場合の期間の末日が子が一
　　　　歳六か月に達する日以前の日であるもの
　　(ロ)書面又は口頭により労働契約の更新をしない旨明示されている労働者で
　　　　あって、育児休業申出のあった時点で締結している労働契約の期間の末日
　　　　が子が一歳六か月に達する日以前の日であるもの
ロ　法第九条の二第一項ただし書に定める要件に該当するか否かについては、
　　イと同様に判断するものであること。この場合において、イ中「子が一歳六
　　か月に達する日」とあるのは、「子の出生の日（出産予定日前に当該子が出生
　　した場合にあっては、当該出産予定日）から起算して八週間を経過する日の
　　翌日から六月を経過する日」と読み替えるものとすること。
ハ　法第十一条第一項ただし書に定める要件に該当するか否かについては、イ
　　と同様に判断するものであること。この場合において、イ中「子が一歳六か
　　月に達する日」とあるのは、「介護休業開始予定日から起算して九十三日を経
　　過する日から六月を経過する日」と読み替えるものとすること。
(三) その他法第五条、第九条の二及び第十一条の規定による労働者の育児休業申
　　出、出生時育児休業申出及び介護休業申出に関する事項
　イ　育児休業及び介護休業については、労働者がこれを容易に取得できように
　　　するため、あらかじめ制度が導入され、規則が定められるべきものであるこ
　　　とに留意すること。

ロ　出生時育児休業を含む育児休業については、労働者がこれを円滑に取得できるようにするため、事業主においては、休業の申出期限にかかわらず労働者による申出が円滑に行われるようにするための雇用環境の整備を行い、労働者の側においても、業務の円滑な引き継ぎ等のためには、労働者の意向に応じて早めに申し出ることが効果的であるという意識を持つことが重要であることに留意すること。

一の二　法第九条の五の規定による出生時育児休業期間中の就業に関する事項

育児休業は労働者の権利であって、その期間の労務提供義務を消滅させる制度であることから、育児休業中は就業しないことが原則であり、出生時育児休業期間中の就業については、事業主から労働者に対して就業可能日等の申出を一方的に求めることや、労働者の意に反するような取扱いがなされてはならないものであること。

二　法第十六条の二の規定による子の看護休暇及び法第十六条の五の規定による介護休暇に関する事項

（一）子の看護休暇及び介護休暇については、労働者がこれを容易に取得できるようにするため、あらかじめ制度が導入され、規則が定められるべきものであることに留意すること。また、法第十六条の三第二項及び第十六条の六第二項において準用する法第六条第一項ただし書の規定により、労使協定の締結をする場合であっても、事業所の雇用管理に伴う負担との調和を勘案し、当該事業主に引き続き雇用された期間が短い労働者であっても、一定の日数については、子の看護休暇及び介護休暇の取得ができるようにすることが望ましいものであることに配慮すること。

（二）子の看護休暇は、現に負傷し、若しくは疾病にかかったその子の世話又は疾病の予防を図るために必要なその子の世話を行うための休暇であること及び介護休暇は要介護状態にある対象家族の介護その他の世話を行うための休暇であることから、証明書類の提出を求める場合には事後の提出を可能とする等、労働者に過重な負担を求めることにならないよう配慮するものとすること。

（三）法第十六条の三第二項及び第十六条の六第二項において準用する法第六条第一項ただし書の規定による労使協定の締結により厚生労働省令で定める一日未満の単位での子の看護休暇又は介護休暇の取得ができないこととなる「業務の性質又は業務の実施体制に照らして、厚生労働省令で定める一日未満の単位で取得することが困難と認められる業務」とは、例えば、次に掲げるものが該当する場合があること。なお、次に掲げる業務は例示であり、これらの業務以外

は困難と認められる業務に該当しないものではなく、また、これらの業務であれば困難と認められる業務に該当するものではないこと。

イ　国際路線等に就航する航空機において従事する客室乗務員等の業務等であって、所定労働時間の途中まで又は途中から子の看護休暇又は介護休暇を取得させることが困難な業務

ロ　長時間の移動を要する遠隔地で行う業務であって、時間単位の子の看護休暇又は介護休暇を取得した後の勤務時間又は取得する前の勤務時間では処理することが困難な業務

ハ　流れ作業方式や交替制勤務による業務であって、時間単位で子の看護休暇又は介護休暇を取得する者を勤務体制に組み込むことによって業務を遂行することが困難な業務

（四）労働者の子の症状、要介護状態にある対象家族の介護の状況、労働者の勤務の状況等が様々であることに対応し、始業の時刻から連続せず、かつ、終業の時刻まで連続しない時間単位での休暇の取得を認めること、法第十六条の三第二項及び第十六条の六第二項において準用する法第六条第一項ただし書の規定による労使協定の締結により厚生労働省令で定める一日未満の単位での休暇の取得ができないこととなった労働者であっても、半日単位での休暇の取得を認めること等制度の弾力的な利用が可能となるように配慮すること。

三　法第十六条の八及び第十六条の九の規定による所定外労働の制限に関する事項

（一）所定外労働の制限については、労働者がこれを容易に受けられるようにするため、あらかじめ制度が導入され、規則が定められるべきものであることに留意すること。

（二）労働者の子の養育の状況、労働者の要介護状態にある対象家族の介護の状況、労働者の勤務の状況等が様々であることに対応し、制度の弾力的な利用が可能となるように配慮するものとすること。

四　法第十七条及び第十八条の規定による時間外労働の制限に関する事項

時間外労働の制限については、労働者がこれを容易に受けられるようにするため、あらかじめ制度が導入され、規則が定められるべきものであることに留意すること。

五　法第十九条及び第二十条の規定による深夜業の制限に関する事項

（一）深夜業の制限については、労働者がこれを容易に受けられるようにするため、あらかじめ制度が導入され、規則が定められるべきものであることに留意

すること。

（二）あらかじめ、労働者の深夜業の制限期間中における待遇（昼間勤務への転換の有無を含む。）に関する事項を定めるとともに、これを労働者に周知させるための措置を講ずるように配慮するものとすること。

（三）労働者の子の養育又は家族の介護の状況、労働者の勤務の状況等が様々であることに対応し、制度の弾力的な利用が可能となるように配慮するものとすること。

五の二　法第二十一条第一項の規定により妊娠又は出産等の申出をした労働者に対する育児休業に関する制度等の個別周知及び育児休業申出等に係る意向確認のための措置を講ずるに当たっての事項

（一）育児休業に関する制度等を知らせる措置並びに育児休業申出及び出生時育児休業申出（以下「育児休業申出等」という。）に係る労働者の意向を確認するための措置は、労働者による育児休業申出等が円滑に行われるようにすることを目的とするものであることから、取得を控えさせるような形での個別周知及び意向確認の措置の実施は、法第二十一条第一項の措置の実施とは認められないものであること。

（二）育児休業申出等に係る労働者の意向を確認するための措置については、事業主から労働者に対して、意向確認のための働きかけを行えばよいものであること。

（三）出生時育児休業制度に関し、休業中の就業の仕組みについて知らせる際には、育児休業給付及び育児休業期間中の社会保険料免除について、休業中の就業日数によってはその要件を満たさなくなる可能性があることについても併せて説明するよう留意すること。

六　法第二十一条の二第一項の規定により育児休業及び介護休業に関する事項を定め、周知するに当たっての事項

（一）育児休業及び介護休業中の待遇、育児休業及び介護休業後の賃金、配置その他の労働条件その他必要な事項に関する規則を一括して定め、周知することが望ましいものであることに配慮すること。

（二）労働者のプライバシーを保護する観点から、労働者が自発的に当該労働者若しくはその配偶者が妊娠若しくは出産したこと又は当該労働者が対象家族を介護していることを知らせることを前提としたものであること。そのために、法第二十五条に定める措置を事業主が講じている必要があること。

（三）労働者又はその配偶者が妊娠若しくは出産したことを知ったときに、当該労

働者に対し育児休業に関する事項を知らせるに際しては、当該労働者が計画的に育児休業を取得できるよう、あわせて、法第九条の六の規定による同一の子について配偶者が育児休業をする場合の特例、その他の両立支援制度を知らせることが望ましいこと。

六の二　法第二十二条第一項の規定により育児休業申出等が円滑に行われるようにするための雇用環境の整備の措置を講ずるに当たっての事項

（一）雇用環境の整備の措置を講ずるに当たっては、短期はもとより一か月以上の長期の休業の取得を希望する労働者が希望するとおりの期間の休業を申出し取得できるように配慮すること。

（二）雇用環境の整備の措置を講ずるに当たっては、可能な限り、複数の措置を行うことが望ましいものであること。

七　法第二十二条第二項の規定により育児休業又は介護休業をする労働者が雇用される事業所における労働者の配置その他の雇用管理に関して必要な措置を講ずるに当たっての事項

（一）育児休業及び介護休業後においては、原則として原職又は原職相当職に復帰させるよう配慮すること。

（二）育児休業又は介護休業をする労働者以外の労働者についての配置その他の雇用管理は、（一）の点を前提にして行われる必要があることに配慮すること。

八　法第二十二条第二項の規定により育児休業又は介護休業をしている労働者の職業能力の開発及び向上等に関して必要な措置を講ずるに当たっての事項

（一）当該措置の適用を受けるかどうかは、育児休業又は介護休業をする労働者の選択に任せられるべきものであること。

（二）育児休業及び介護休業が比較的長期にわたる休業になり得ること、並びに育児休業又は介護休業後における円滑な就業のために必要となる措置が、個々の労働者の職種、職務上の地位、職業意識等の状況に応じ様々であることにかんがみ、当該労働者の状況に的確に対応し、かつ、計画的に措置が講じられることが望ましいものであることに配慮すること。

（三）介護休業申出が円滑に行われ、家族の介護を行い、又は行うこととなる労働者の職業生活と家庭生活との両立が図られるようにするため、次の事項に留意すること。

　　イ　介護休業等の法に定める仕事と介護の両立支援制度の内容、当該内容その

他の仕事と介護の両立支援について事業主が定めた事項、介護に係るサービスに関する情報について、労働者が十分に情報を得ていることが重要であること。

ロ　事業主は、介護休業等の法に定める仕事と介護の両立支援制度の内容及び介護に係るサービスに関する情報に関し行政から提供される情報も活用しつつ、イの情報について労働者に周知を行うことが望ましいこと。

ハ　事業主は、労働者からの仕事と介護の両立に関する相談への対応のための窓口をあらかじめ定めることが望ましいこと。

九　法第二十三条第一項の規定による育児のための所定労働時間の短縮措置又は同条第二項に規定する育児休業に関する制度に準ずる措置若しくは始業時刻変更等の措置を講ずるに当たっての事項

（一）労働者がこれらの措置の適用を容易に受けられるようにするため、あらかじめ、当該措置の対象者の待遇に関する事項を定め、これを労働者に周知させるための措置を講ずるように配慮すること。

（二）当該措置を講ずるに当たっては、労働者が就業しつつその子を養育することを実質的に容易にする内容のものとすることに配慮すること。

（三）法第二十三条第一項第三号の規定により、労使協定を締結する場合には当該業務に従事する労働者について所定労働時間の短縮措置を講じないことができる「業務の性質又は業務の実施体制に照らして、所定労働時間の短縮措置を講ずることが困難と認められる業務」とは、例えば、次に掲げるものが該当する場合があること。なお、次に掲げる業務は例示であり、これら以外は困難と認められる業務に該当しないものではなく、また、これらであれば困難と認められる業務に該当するものではないこと。

イ　業務の性質に照らして、制度の対象とすることが困難と認められる業務国際路線等に就航する航空機において従事する客室乗務員等の業務

ロ　業務の実施体制に照らして、制度の対象とすることが困難と認められる業務労働者数が少ない事業所において、当該業務に従事しうる労働者数が著しく少ない業務

ハ　業務の性質及び実施体制に照らして、制度の対象とすることが困難と認められる業務

（イ）流れ作業方式による製造業務であって、短時間勤務の者を勤務体制に組み込むことが困難な業務

（ロ）交替制勤務による製造業務であって、短時間勤務の者を勤務体制に組み

込むことが困難な業務

（ハ）個人ごとに担当する企業、地域等が厳密に分担されていて、他の労働者では代替が困難な営業業務

十　法第二十三条第三項の規定による介護のための所定労働時間の短縮等の措置を講ずるに当たっての事項

短時間勤務の制度は、労働者がその要介護状態にある対象家族を介護することを実質的に容易にする内容のものであることが望ましいものであることに配慮すること。

十一　法第十条、第十六条、第十六条の四、第十六条の七、第十六条の十、第十八条の二、第二十条の二、第二十一条第二項及び第二十三条の二の規定による育児休業、介護休業、子の看護休暇、介護休暇、所定外労働の制限、時間外労働の制限、深夜業の制限、妊娠・出産等をしたこと又は所定労働時間の短縮措置等の申出等又は取得等を理由とする解雇その他不利益な取扱いの禁止に適切に対処するに当たっての事項

育児休業、介護休業、子の看護休暇、介護休暇、所定外労働の制限、時間外労働の制限、深夜業の制限、妊娠・出産等をしたこと又は所定労働時間の短縮措置等の申出等又は取得等（以下「育児休業等の申出等」という。）をした労働者の雇用管理に当たっては、次の事項に留意すること。

（一）法第十条、第十六条、第十六条の四、第十六条の七、第十六条の十、第十八条の二、第二十条の二、第二十一条第二項又は第二十三条の二の規定により禁止される解雇その他不利益な取扱いは、労働者が育児休業等の申出等をしたこととの間に因果関係がある行為であること。

（二）解雇その他不利益な取扱いとなる行為には、例えば、次に掲げるものが該当すること。

イ　解雇すること。

ロ　期間を定めて雇用される者について、契約の更新をしないこと（以下「雇止め」という。）。

ハ　あらかじめ契約の更新回数の上限が明示されている場合に、当該回数を引き下げること。

ニ　退職又はいわゆる正規雇用労働者をパートタイム労働者等のいわゆる非正規雇用労働者とするような労働契約内容の変更の強要を行うこと。

ホ　自宅待機を命ずること。

　　　ヘ　労働者が希望する期間を超えて、その意に反して所定外労働の制限、時間
　　　　外労働の制限、深夜業の制限又は所定労働時間の短縮措置等を適用すること。
　　　ト　降格させること。
　　　チ　減給をし、又は賞与等において不利益な算定を行うこと。
　　　リ　昇進・昇格の人事考課において不利益な評価を行うこと。
　　　ヌ　不利益な配置の変更を行うこと。
　　　ル　就業環境を害すること。
　（三）解雇その他不利益な取扱いに該当するか否かについては、次の事項を勘案し
　　　て判断すること。
　　　イ　次に掲げる場合には、育児休業又は介護休業をしている労働者の雇止めは、
　　　　不利益取扱いに当たる雇止めに該当しない可能性が高いと考えられること。
　　　（イ）専ら事業縮小や担当していた業務の終了・中止等により、育児休業又は
　　　　　介護休業をしている労働者を含め、契約内容や更新回数等に照らして同様
　　　　　の地位にある労働者の全員を雇止めすること。
　　　（ロ）事業縮小や担当していた業務の終了・中止等により労働者の一部を雇止
　　　　　めする場合であって、能力不足や勤務不良等を理由に、育児休業又は介護
　　　　　休業をしている労働者を雇止めすること。ただし、この場合において、当
　　　　　該能力不足や勤務不良等は、育児休業又は介護休業の取得以前から問題と
　　　　　されていたことや育児休業又は介護休業を取得したことのみをもって育児
　　　　　休業又は介護休業を取得していない者よりも不利に評価したものではない
　　　　　こと等が求められることに留意すること。
　　　ロ　勧奨退職やいわゆる正規雇用労働者をパートタイム労働者等のいわゆる非
　　　　正規雇用労働者とするような労働契約内容の変更は、労働者の表面上の同意
　　　　を得ていたとしても、これが労働者の真意に基づくものでないと認められる
　　　　場合には、（二）ニの「退職又はいわゆる正規雇用労働者をパートタイム労働
　　　　者等のいわゆる非正規雇用労働者とするような労働契約内容の変更の強要を
　　　　行うこと」に該当すること。
　　　ハ　事業主が、育児休業若しくは介護休業の休業終了予定日を超えて休業する
　　　　こと又は子の看護休暇若しくは介護休暇の取得の申出に係る日以外の日に休
　　　　業することを労働者に強要することは、（二）ホの「自宅待機」に該当するこ
　　　　と。
　　　ニ　次に掲げる場合には、（二）チの「減給をし、又は賞与等において不利益な
　　　　算定を行うこと」に該当すること。
　　　（イ）育児休業若しくは介護休業の休業期間中、子の看護休暇若しくは介護

休暇を取得した日又は所定労働時間の短縮措置等の適用期間中の現に働かなかった時間について賃金を支払わないこと、退職金や賞与の算定に当たり現に勤務した日数を考慮する場合に休業した期間若しくは休暇を取得した日数又は所定労働時間の短縮措置等の適用により現に短縮された時間の総和に相当する日数を日割りで算定対象期間から控除すること等専ら当該育児休業等により労務を提供しなかった期間は働かなかったものとして取り扱うことは、不利益な取扱いには該当しない。一方、休業期間、休暇を取得した日数又は所定労働時間の短縮措置等の適用により現に短縮された時間の総和に相当する日数を超えて働かなかったものとして取り扱うことは、（二）チの「不利益な算定を行うこと」に該当すること。

（ロ）実際には労務の不提供が生じていないにもかかわらず、育児休業等の申出等をしたことのみをもって、賃金又は賞与若しくは退職金を減額すること。

ホ　次に掲げる場合には、（二）リの「昇進・昇格の人事考課において不利益な評価を行うこと」に該当すること。

（イ）育児休業又は介護休業をした労働者について、休業期間を超える一定期間昇進・昇格の選考対象としない人事評価制度とすること。

（ロ）実際には労務の不提供が生じていないにもかかわらず、育児休業等の申出等をしたことのみをもって、当該育児休業等の申出等をしていない者よりも不利に評価すること。

ヘ　配置の変更が不利益な取扱いに該当するか否かについては、配置の変更前後の賃金その他の労働条件、通勤事情、当人の将来に及ぼす影響等諸般の事情について総合的に比較考量の上、判断すべきものであるが、例えば、通常の人事異動のルールからは十分に説明できない職務又は就業の場所の変更を行うことにより、当該労働者に相当程度経済的又は精神的な不利益を生じさせることは、（二）ヌの「不利益な配置の変更を行うこと」に該当すること。また、所定労働時間の短縮措置の適用について、当該措置の対象となる業務に従事する労働者を、当該措置の適用を受けることの申出をした日から適用終了予定日までの間に、労使協定により当該措置を講じないものとしている業務に転換させることは（二）ヌの「不利益な配置の変更を行うこと」に該当する可能性が高いこと。

ト　業務に従事させない、専ら雑務に従事させる等の行為は、（二）ルの「就業環境を害すること」に該当すること。

十二　法第二十四条第一項に規定する休暇及び同項各号に定める制度又は措置に準じて、必要な措置を講ずるに当たっての事項

（一）労働者の申出に基づく育児に関する目的のために利用することができる休暇とは、例えば、次に掲げるものが考えられること。なお、これらの休暇は、必ずしも単独の制度である必要はないこと。

　イ　配偶者の出産に伴い取得することができるいわゆる配偶者出産休暇

　ロ　入園式、卒園式等の行事参加も含めた育児にも利用できる多目的休暇（いわゆる失効年次有給休暇の積立による休暇制度の一環として措置することを含む。）

（二）当該措置の適用を受けるかどうかは、労働者の選択に任せられるべきものであること。

十三　法第二十四条第二項の規定により、介護休業の制度又は法第二十三条第三項に定める措置に準じて、その介護を必要とする期間、回数等に配慮した必要な措置を講ずるに当たっての事項

（一）当該措置の適用を受けるかどうかは、労働者の選択に任せられるべきものであること。

（二）次の事項に留意しつつ、企業の雇用管理等に伴う負担との調和を勘案し、必要な措置が講じられることが望ましいものであることに配慮すること。

　イ　当該労働者が介護する家族の発症からその症状が安定期になるまでの期間又は介護に係る施設・在宅サービスを利用することができるまでの期間が、九十三日から法第十一条第二項第二号の介護休業日数を差し引いた日数の期間を超える場合があること。

　ロ　当該労働者がした介護休業により法第十一条第二項第二号の介護休業日数が九十三日に達している対象家族についても、再び当該労働者による介護を必要とする状態となる場合があること。

　ハ　対象家族以外の家族についても、他に近親の家族がいない場合等当該労働者が介護をする必要性が高い場合があること。

　ニ　要介護状態にない家族を介護する労働者であっても、その家族の介護のため就業が困難となる場合があること。

　ホ　当該労働者が家族を介護する必要性の程度が変化することに対応し、介護休業の更なる分割等、制度の弾力的な利用が可能となることが望まれる場合があること。

十四 法第二十五条の規定により、事業主が職場における育児休業等に関する言動に起因する問題に関して雇用管理上必要な措置等を講ずるに当たっての事項

　法第二十五条に規定する事業主が職場において行われるその雇用する労働者に対する育児休業、介護休業その他の育児休業、介護休業等育児又は家族介護を行う労働者の福祉に関する法律施行規則（以下「則」という。）第七十六条で定める制度又は措置（以下「制度等」という。）の利用に関する言動により当該労働者の就業環境が害されること（以下「職場における育児休業等に関するハラスメント」という。）のないよう雇用管理上講ずべき措置等について、事業主が適切かつ有効な実施を図るために必要な事項については、次のとおりであること。

（一）職場における育児休業等に関するハラスメントの内容

　イ　職場における育児休業等に関するハラスメントには、上司又は同僚から行われる、その雇用する労働者に対する制度等の利用に関する言動により就業環境が害されるものがあること。なお、業務分担や安全配慮等の観点から、客観的にみて、業務上の必要性に基づく言動によるものについては、職場における育児休業等に関するハラスメントには該当しないこと。

　ロ　「職場」とは、事業主が雇用する労働者が業務を遂行する場所を指し、当該労働者が通常就業している場所以外の場所であっても、当該労働者が業務を遂行する場所については、「職場」に含まれること。

　ハ　「労働者」とは、いわゆる正規雇用労働者のみならず、パートタイム労働者、契約社員等のいわゆる非正規雇用労働者を含む事業主が雇用する男女の労働者の全てをいうこと。

　　また、派遣労働者については、派遣元事業主のみならず、労働者派遣の役務の提供を受ける者についても、労働者派遣事業の適正な運営の確保及び派遣労働者の保護等に関する法律（昭和六十年法律第八十八号）第四十七条の三の規定により、その指揮命令の下に労働させる派遣労働者を雇用する事業主とみなされ、法第二十五条及び第二十五条の二第二項の規定が適用されることから、労働者派遣の役務の提供を受ける者は、派遣労働者についてもその雇用する労働者と同様に、（二）イの配慮及び（三）の措置を講ずることが必要であること。なお、法第二十五条第二項、第五十二条の四第二項及び第五十二条の五第二項の労働者に対する不利益な取扱いの禁止については、派遣労働者も対象に含まれるものであり、派遣元事業主のみならず、労働者派遣の役務の提供を受ける者もまた、当該者に派遣労働者が職場における育児休業等に関するハラスメントの相談を行ったこと等を理由として、当該派遣労働者に係る労働者派遣の役務の提供を拒む等、当該派遣労働者に対する不利益な取扱いを行ってはな

らないこと。

ニ　イに規定する「その雇用する労働者に対する制度等の利用に関する言動により就業環境が害されるもの」とは、具体的には（イ）①から⑩までに掲げる制度等の利用に関する言動により就業環境が害されるものであること。典型的な例として、（ロ）に掲げるものがあるが、（ロ）に掲げるものは限定列挙ではないことに留意が必要であること。

（イ）制度等

　　①育児休業（則第七十六条第一号関係）

　　②介護休業（則第七十六条第二号関係）

　　③子の看護休暇（則第七十六条第三号関係）

　　④介護休暇（則第七十六条第四号関係）

　　⑤所定外労働の制限（則第七十六条第五号関係）

　　⑥時間外労働の制限（則第七十六条第六号関係）

　　⑦深夜業の制限（則第七十六条第七号関係）

　　⑧育児のための所定労働時間の短縮措置（則第七十六条第八号関係

　　⑨始業時刻変更等の措置（則第七十六条第九号関係）

　　⑩介護のための所定労働時間の短縮措置（則第七十六条第十号関係）

（ロ）典型的な例

　　①解雇その他不利益な取扱い（法第十条、第十六条（法第十六条の四及び第十六条の七において準用する場合を含む。）、第十六条の十、第十八条の二、第二十条の二、第二十一条第二項及び第二十三条の二に規定する解雇その他不利益な取扱いをいう。以下同じ。）を示唆するもの

　　　労働者が、制度等の利用の申出等をしたい旨を上司に相談したこと、制度等の利用の申出等をしたこと又は制度等の利用をしたことにより、上司が当該労働者に対し、解雇その他不利益な取扱いを示唆すること。

　　②制度等の利用の申出等又は制度等の利用を阻害するもの

　　　客観的にみて、言動を受けた労働者の制度等の利用の申出等又は制度等の利用が阻害されるものが該当すること。ただし、労働者の事情やキャリアを考慮して、早期の職場復帰を促すことは制度等の利用が阻害されるものに該当しないこと。

　　⑴労働者が制度等の利用の申出等をしたい旨を上司に相談したところ、上司が当該労働者に対し、当該申出等をしないよう言うこと。

　　⑵労働者が制度等の利用の申出等をしたところ、上司が当該労働者に対し、当該申出等を取り下げるよう言うこと。

(3)労働者が制度等の利用の申出等をしたい旨を同僚に伝えたところ、同僚が当該労働者に対し、繰り返し又は継続的に当該申出等をしないよう言うこと（当該労働者がその意に反することを当該同僚に明示しているにもかかわらず、更に言うことを含む。）。

(4)労働者が制度等の利用の申出等をしたところ、同僚が当該労働者に対し、繰り返し又は継続的に当該申出等を撤回又は取下げをするよう言うこと（当該労働者がその意に反することを当該同僚に明示しているにもかかわらず、更に言うことを含む。）。

③制度等の利用をしたことにより嫌がらせ等をするもの

客観的にみて、言動を受けた労働者の能力の発揮や継続就業に重大な悪影響が生じる等当該労働者が就業する上で看過できない程度の支障が生じるようなものが該当すること。

労働者が制度等の利用をしたことにより、上司又は同僚が当該労働者に対し、繰り返し又は継続的に嫌がらせ等（嫌がらせ的な言動、業務に従事させないこと又は専ら雑務に従事させることをいう。以下同じ。）をすること（当該労働者がその意に反することを当該上司又は同僚に明示しているにもかかわらず、更に言うことを含む。）。

（二）事業主等の責務

イ　事業主の責務

法第二十五条の二第二項の規定により、事業主は、職場における育児休業等に関するハラスメントを行ってはならないことその他職場における育児休業等に関するハラスメントに起因する問題（以下「育児休業等に関するハラスメント問題」という。）に対するその雇用する労働者の関心と理解を深めるとともに、当該労働者が他の労働者（他の事業主が雇用する労働者及び求職者を含む。ロにおいて同じ。）に対する言動に必要な注意を払うよう、研修の実施その他の必要な配慮をするほか、国の講ずる同条第一項の広報活動、啓発活動その他の措置に協力するように努めなければならない。なお、職場における育児休業等に関するハラスメントに起因する問題としては、例えば、労働者の意欲の低下などによる職場環境の悪化や職場全体の生産性の低下、労働者の健康状態の悪化、休職や退職などにつながり得ること、これらに伴う経営的な損失等が考えられること。

また、事業主（その者が法人である場合にあっては、その役員）は、自らも、育児休業等に関するハラスメント問題に対する関心と理解を深め、労働者（他の事業主が雇用する労働者及び求職者を含む。）に対する言動に必要な注意を払

うように努めなければならないこと。

　ロ　労働者の責務

　　　法第二十五条の二第四項の規定により、労働者は、育児休業等に関するハラスメント問題に対する関心と理解を深め、他の労働者に対する言動に必要な注意を払うとともに、事業主の講ずる（三）の措置に協力するように努めなければならないこと。

（三）事業主が職場における育児休業等に関する言動に起因する問題に関し雇用管理上講ずべき措置の内容

　　事業主は、職場における育児休業等に関するハラスメントを防止するため、雇用管理上次の措置を講じなければならないこと。なお、事業主が行う育児休業等を理由とする不利益取扱い（就業環境を害する行為を含む。）については、既に法第十条、第十六条（法第十六条の四及び第十六条の七において準用する場合を含む。）、第十六条の十、第十八条の二、第二十条の二、第二十一条第二項及び第二十三条の二で禁止されており、こうした不利益取扱いを行わないため、当然に自らの行為の防止に努めることが求められること。

　イ　事業主の方針等の明確化及びその周知・啓発

　　　事業主は、職場における育児休業等に関するハラスメントに対する方針の明確化、労働者に対するその方針の周知・啓発として、次の措置を講じなければならないこと。

　　　なお、周知・啓発をするに当たっては、職場における育児休業等に関するハラスメントの防止の効果を高めるため、その発生の原因や背景について労働者の理解を深めることが重要であること。その際、職場における育児休業等に関するハラスメントの発生の原因や背景には、（ i ）育児休業等に関する否定的な言動（他の労働者の制度等の利用の否定につながる言動（当該労働者に直接行わない言動も含む。）をいい、単なる自らの意思の表明を除く。以下同じ。）が頻繁に行われるなど制度等の利用又は制度等の利用の申出等をしにくい職場風土や、（ ii ）制度等の利用ができることの職場における周知が不十分であることなどもあると考えられること。そのため、これらを解消していくことが職場における育児休業等に関するハラスメントの防止の効果を高める上で重要であることに留意することが必要であること。

（イ）職場における育児休業等に関するハラスメントの内容（以下「ハラスメントの内容」という。）及び育児休業等に関する否定的な言動が職場における育児休業等に関するハラスメントの発生の原因や背景になり得ること（以下「ハラスメントの背景等」という。）、職場における育児休業等に関するハラスメントを

行ってはならない旨の方針（以下「事業主の方針」という。）並びに制度等の利用ができる旨を明確化し、管理監督者を含む労働者に周知・啓発すること。

（事業主の方針等を明確化し、労働者に周知・啓発していると認められる例）

①就業規則その他の職場における服務規律等を定めた文書において、事業主の方針及び制度等の利用ができる旨について規定し、当該規定とあわせて、ハラスメントの内容及びハラスメントの背景等を、労働者に周知・啓発すること。

②社内報、パンフレット、社内ホームページ等広報又は啓発のための資料等にハラスメントの内容及びハラスメントの背景等、事業主の方針並びに制度等の利用ができる旨について記載し、配布等すること。

③ハラスメントの内容及びハラスメントの背景等、事業主の方針並びに制度等の利用ができる旨を労働者に対して周知・啓発するための研修、講習等を実施すること。

（ロ）職場における育児休業等に関するハラスメントに係る言動を行った者については、厳正に対処する旨の方針及び対処の内容を就業規則その他の職場における服務規律等を定めた文書に規定し、管理監督者を含む労働者に周知・啓発すること。

（対処方針を定め、労働者に周知・啓発していると認められる例）

①就業規則その他の職場における服務規律等を定めた文書において、職場における育児休業等に関するハラスメントに係る言動を行った者に対する懲戒規定を定め、その内容を労働者に周知・啓発すること。

②職場における育児休業等に関するハラスメントに係る言動を行った者は、現行の就業規則その他の職場における服務規律等を定めた文書において定められている懲戒規定の適用の対象となる旨を明確化し、これを労働者に周知・啓発すること。

ロ　相談（苦情を含む。以下同じ。）に応じ、適切に対応するために必要な体制の整備

　　事業主は、労働者からの相談に対し、その内容や状況に応じ適切かつ柔軟に対応するために必要な体制の整備として、次の措置を講じなければならないこと。

（イ）相談への対応のための窓口（以下「相談窓口」という。）をあらかじめ定め、労働者に周知すること。

（相談窓口をあらかじめ定めていると認められる例）

①相談に対応する担当者をあらかじめ定めること。

②相談に対応するための制度を設けること。

③外部の機関に相談への対応を委託すること。

（ロ）（イ）の相談窓口の担当者が、相談に対し、その内容や状況に応じ適切に対応できるようにすること。また、相談窓口においては、被害を受けた労働者が萎縮するなどして相談を躊躇する例もあること等も踏まえ、相談者の心身の状況や当該言動が行われた際の受け止めなどその認識にも配慮しながら、職場における育児休業等に関するハラスメントが現実に生じている場合だけでなく、その発生のおそれがある場合や、職場における育児休業等に関するハラスメントに該当するか否か微妙な場合等であっても、広く相談に対応し、適切な対応を行うようにすること。例えば、放置すれば就業環境を害するおそれがある場合や、職場における育児休業等に関する否定的な言動が原因や背景となって職場における育児休業等に関するハラスメントが生じるおそれがある場合等が考えられること。

（相談窓口の担当者が適切に対応することができるようにしていると認められる例）

①相談窓口の担当者が相談を受けた場合、その内容や状況に応じて、相談窓口の担当者と人事部門とが連携を図ることができる仕組みとすること。

②相談窓口の担当者が相談を受けた場合、あらかじめ作成した留意点などを記載したマニュアルに基づき対応すること。

③相談窓口の担当者に対し、相談を受けた場合の対応についての研修を行うこと。

ハ　職場における育児休業等に関するハラスメントに係る事後の迅速かつ適切な対応

　事業主は、職場における育児休業等に関するハラスメントに係る相談の申出があった場合において、その事案に係る事実関係の迅速かつ正確な確認及び適正な対処として、次の措置を講じなければならないこと。

（イ）事案に係る事実関係を迅速かつ正確に確認すること。

（事案に係る事実関係を迅速かつ正確に確認していると認められる例）

①相談窓口の担当者、人事部門又は専門の委員会等が、相談を行った労働者（以下「相談者」という。）及び職場における育児休業等に関するハラスメントに係る言動の行為者とされる者（以下「行為者」という。）の双方から事実関係を確認すること。その際、相談者の心身の状況や当該言動が行われた際の受け止めなどその認識にも適切に配慮すること。

　また、相談者と行為者との間で事実関係に関する主張に不一致があり、事実の確認が十分にできないと認められる場合には、第三者からも事実関係を聴取する等の措置を講ずること。

②事実関係を迅速かつ正確に確認しようとしたが、確認が困難な場合などにおいて、法第五十二条の五に基づく調停の申請を行うことその他中立な第三者機関

に紛争処理を委ねること。

（ロ）（イ）により、職場における育児休業等に関するハラスメントが生じた事実
が確認できた場合においては、速やかに被害を受けた労働者（以下「被害者」
という。）に対する配慮のための措置を適正に行うこと。（措置を適正に行って
いると認められる例）

①事案の内容や状況に応じ、被害者の職場環境の改善又は迅速な制度等の利用に
向けての環境整備、被害者と行為者の間の関係改善に向けての援助、行為者の
謝罪、管理・監督者又は事業場内産業保健スタッフ等による被害者のメンタル
ヘルス不調への相談対応等の措置を講ずること。

②法第五十二条の五に基づく調停その他中立な第三者機関の紛争解決案に従った
措置を　被害者に対して講ずること。

（ハ）（イ）により、職場における育児休業等に関するハラスメントが生じた事実
が確認できた場合においては、行為者に対する措置を適正に行うこと。

（措置を適正に行っていると認められる例）

①就業規則その他の職場における服務規律等を定めた文書における職場における
育児休業等に関するハラスメントに関する規定等に基づき、行為者に対して必
要な懲戒その他の措置を講ずること。あわせて、事案の内容や状況に応じ、被
害者と行為者の間の関係改善に向けての援助、行為者の謝罪等の措置を講ずる
こと。

②法第五十二条の五に基づく調停その他中立な第三者機関の紛争解決案に従った
措置を行為者に対して講ずること。

（ニ）改めて職場における育児休業等に関するハラスメントに関する方針を周知・啓
発する等の再発防止に向けた措置を講ずること。

なお、職場における育児休業等に関するハラスメントが生じた事実が確認でき
なかった場合においても、同様の措置を講ずること。

（再発防止に向けた措置を講じていると認められる例）

①事業主の方針、制度等の利用ができる旨及び職場における育児休業等に関する
ハラスメントに係る言動を行った者について厳正に対処する旨の方針を、社内
報、パンフレット、社内ホームページ等広報又は啓発のための資料等に改めて
掲載し、配布等すること。

②労働者に対して職場における育児休業等に関するハラスメントに関する意識を
啓発するための研修、講習等を改めて実施すること。

ニ　職場における育児休業等に関するハラスメントの原因や背景となる要因を解消
するための措置

154

　　事業主は、職場における育児休業等に関するハラスメントの原因や背景となる要因を解消するため、業務体制の整備など、事業主や制度等の利用を行う労働者その他の労働者の実情に応じ、必要な措置を講じなければならないこと（派遣労働者にあっては、派遣元事業主に限る。）。

　　なお、措置を講ずるに当たっては、

（ⅰ）職場における育児休業等に関するハラスメントの背景には育児休業等に関する否定的な言動もあるが、当該言動の要因の一つには、労働者が所定労働時間の短縮措置を利用することで短縮分の労務提供ができなくなること等により、周囲の労働者の業務負担が増大することもあることから、周囲の労働者の業務負担等にも配慮すること

（ⅱ）労働者の側においても、制度等の利用ができるという知識を持つことや周囲と円滑なコミュニケーションを図りながら自身の制度の利用状況等に応じて適切に業務を遂行していくという意識を持つことのいずれも重要であることに留意することが必要である（（四）ロにおいて同じ）。

（業務体制の整備など、必要な措置を講じていると認められる例）

　①制度等の利用を行う労働者の周囲の労働者への業務の偏りを軽減するよう、適切に業務分担の見直しを行うこと。

　②業務の点検を行い、業務の効率化等を行うこと。

ホ　イからニまでの措置と併せて講ずべき措置

　　イからニまでの措置を講ずるに際しては、併せて次の措置を講じなければならないこと。

（イ）職場における育児休業等に関するハラスメントに係る相談者・行為者等の情報は当該相談者・行為者等のプライバシーに属するものであることから、相談への対応又は当該育児休業等に関するハラスメントに係る事後の対応に当たっては、相談者・行為者等のプライバシーを保護するために必要な措置を講ずるとともに、その旨を労働者に対して周知すること。

（相談者・行為者等のプライバシーを保護するために必要な措置を講じていると認められる例）

　①相談者・行為者等のプライバシーの保護のために必要な事項をあらかじめマニュアルに定め、相談窓口の担当者が相談を受けた際には、当該マニュアルに基づき対応するものとすること。

　②相談者・行為者等のプライバシーの保護のために、相談窓口の担当者に必要な研修を行うこと。

　③相談窓口においては相談者・行為者等のプライバシーを保護するために必要な

措置を講じていることを、社内報、パンフレット、社内ホームページ等広報又は啓発のための資料等に掲載し、配布等すること。

(ロ) 法第二十五条第二項、第五十二条の四第二項及び第五十二条の五第二項の規定を踏まえ、労働者が職場における育児休業等に関するハラスメントに関し相談をしたこと若しくは事実関係の確認等の事業主の雇用管理上講ずべき措置に協力したこと、都道府県労働局に対して相談、紛争解決の援助の求め若しくは調停の申請を行ったこと又は調停の出頭の求めに応じたこと（以下「育児休業等に関するハラスメントの相談等」という。）を理由として、解雇その他不利益な取扱いをされない旨を定め、労働者に周知・啓発すること。

（不利益な取扱いをされない旨を定め、労働者にその周知・啓発することについて措置を講じていると認められる例）

①就業規則その他の職場における服務規律等を定めた文書において、育児休業等に関するハラスメントの相談等を理由として、当該労働者が解雇等の不利益な取扱いをされない旨を規定し、労働者に周知・啓発をすること。

②社内報、パンフレット、社内ホームページ等広報又は啓発のための資料等に、育児休業等に関するハラスメントの相談等を理由として、当該労働者が解雇等の不利益な取扱いをされない旨を記載し、労働者に配布等すること。

(四) 事業主が職場における育児休業等に関する言動に起因する問題に関し行うことが望ましい取組の内容

事業主は、職場における育児休業等に関するハラスメントを防止するため、(三)の措置に加え、次の取組を行うことが望ましいこと。

イ　職場における育児休業等に関するハラスメントは、妊娠、出産等に関するハラスメント（事業主が職場における妊娠、出産等に関する言動に起因する問題に関して雇用管理上講ずべき措置等についての指針（平成二十八年厚生労働省告示第三百十二号）に規定する「職場における妊娠、出産等に関するハラスメント」をいう。）、セクシュアルハラスメント（事業主が職場における性的な言動に起因する問題に関して雇用管理上講ずべき措置等についての指針（平成十八年厚生労働省告示第六百十五号）に規定する「職場におけるセクシュアルハラスメント」をいう。以下同じ。）、パワーハラスメント（事業主が職場における優越的な関係を背景とした言動に起因する問題に関して雇用管理上講ずべき措置等についての指針（令和二年厚生労働省告示第五号）に規定する「職場におけるパワーハラスメント」をいう。）その他のハラスメントと複合的に生じることも想定されることから、事業主は、例えば、セクシュアルハラスメント等の相談窓口と一体的に、職場における育児休業等に関するハラスメントの相談窓

口を設置し、一元的に相談に応じることのできる体制を整備することが望ましいこと。

（一元的に相談に応じることのできる体制の例）

①相談窓口で受け付けることのできる相談として、職場における育児休業等に関するハラスメントのみならず、セクシュアルハラスメント等も明示すること。

②職場における育児休業等に関するハラスメントの相談窓口がセクシュアルハラスメント等の相談窓口を兼ねること。

ロ　事業主は、職場における育児休業等に関するハラスメントの原因や背景となる要因を解消するため、労働者の側においても、制度等の利用ができるという知識を持つことや、周囲と円滑なコミュニケーションを図りながら自身の制度の利用状況等に応じて適切に業務を遂行していくという意識を持つこと等を、制度等の利用の対象となる労働者に周知・啓発することが望ましいこと（派遣労働者にあっては、派遣元事業主に限る。）。

（制度等の利用の対象となる労働者への周知・啓発の例）

①社内報、パンフレット、社内ホームページ等広報又は啓発のための資料等に、労働者の側においても、制度等の利用ができるという知識を持つことや、周囲と円滑なコミュニケーションを図りながら自身の制度の利用状況等に応じて適切に業務を遂行していくという意識を持つこと等について記載し、制度等の利用の対象となる労働者に配布等すること。

②労働者の側においても、制度等の利用ができるという知識を持つことや、周囲と円滑なコミュニケーションを図りながら自身の制度の利用状況等に応じて適切に業務を遂行していくという意識を持つこと等について、人事部門等から制度等の利用の対象となる労働者に周知・啓発すること。

ハ　事業主は、（三）の措置を講じる際に、必要に応じて、労働者や労働組合等の参画を得つつ、アンケート調査や意見交換等を実施するなどにより、その運用状況の的確な把握や必要な見直しの検討等に努めることが重要であること。なお、労働者や労働組合等の参画を得る方法として、例えば、労働安全衛生法（昭和四十七年法律第五十七号）第十八条第一項に規定する衛生委員会の活用なども考えられる。

十五　法第二十六条の規定により、その雇用する労働者の配置の変更で就業の場所の変更を伴うものをしようとする場合において、当該労働者の子の養育又は家族の介護の状況に配慮するに当たっての事項

配慮することの内容としては、例えば、当該労働者の子の養育又は家族の介護

の状況を把握すること、労働者本人の意向をしんしゃくすること、配置の変更で就業の場所の変更を伴うものをした場合の子の養育又は家族の介護の代替手段の有無の確認を行うこと等があること。

十六　派遣労働者として就業する者に関する事項

（一）派遣労働者として就業する者については、労働契約関係は派遣元事業主と派遣労働者との間にあるため、派遣元事業主は、当該労働者に対し、法の規定に基づく措置を適切に講ずる責任があることに留意すること。

（二）解雇その他不利益な取扱いとなる行為には、例えば、派遣労働者として就業する者について、労働者派遣の役務の提供を受ける者が当該派遣労働者に係る労働者派遣の役務の提供を拒むことが該当すること。

（三）次に掲げる場合には（二）の派遣労働者として就業する者について、労働者派遣の役務の提供を受ける者が当該派遣労働者に係る労働者派遣の役務の提供を拒むことに該当すること。

　　イ　育児休業の開始までは労働者派遣契約に定められた役務の提供ができると認められるにもかかわらず、派遣中の派遣労働者が育児休業の取得を申し出たことを理由に、労働者派遣の役務の提供を受ける者が派遣元事業主に対し、当該派遣労働者の交替を求めること。

　　ロ　労働者派遣契約に定められた役務の提供ができると認められるにもかかわらず、派遣中の派遣労働者が子の看護休暇を取得したことを理由に、労働者派遣の役務の提供を受ける者が派遣元事業主に対し、当該派遣労働者の交替を求めること。

（四）派遣元事業主は、派遣労働者が育児休業から復帰する際には、当該派遣労働者が就業を継続できるよう、当該派遣労働者の派遣先に係る希望も勘案しつつ、就業機会の確保に努めるべきであることに留意すること。

MEMO

【著者プロフィール】

森井梢江　（モリイコズエ）　　監修：森井労働法務事務所

森井ハラスメント防止コンサルタント事務所代表／看護師／ハラスメント防止コンサルタント／産業カウンセラー／腰痛予防労働衛生教育インストラクター／東京産業保健総合支援センターメンタルヘルス対策促進員

　森井ハラスメント防止コンサルタント事務所代表としてハラスメント防止、職場の安全や心身の健康等について講演を数多く手がけている。労働分野のイラストレーターとしても活躍中。

　2018年より労働安全衛生広報（㈱労働調査会発行）にて「社員教育に使える　目で見るパワハラ・セクハラ」を連載中。

　2020年、本作の前作となる「こんな対応絶対ナシ！パワハラ・セクハライラスト事例集」が㈱労働調査会より発売。

こんな対応絶対ナシ！マタハラ・パタハライラスト事例集

令和4年1月15日　初版発行

著　者	森　井　梢　江
監　修　者	森井労働法務事務所
編集企画	株式会社　企業通信社

〒170-0004　東京都豊島区北大塚2-9-7
互栄大塚ビル
TEL 03-3917-1135
FAX 03-3917-1137

発行人	藤　沢　直　明
発行所	株式会社　労働調査会

〒170-0004　東京都豊島区北大塚2-4-5
調査会ビル
TEL 03-3915-6401
FAX 03-3915-8618
http://www.chosakai.co.jp/

ISBN978-4-86319-907-1 C2030